HISTOIRE
DE VAUGIRARD
ANCIEN ET MODERNE.

Nota. On peut regarder comme complément de cet ouvrage l'*Annuaire des communes de Vaugirard et de Grenelle*, publié et imprimé par J. Delacour, rue de Sèvres, 94.

HISTOIRE
DE
VAUGIRARD

ANCIEN ET MODERNE.

Par L. Gaudreau,

Curé du lieu, Chanoine honoraire de Grenoble.

Paris.

G.-A. DENTU, IMPRIMEUR-LIBRAIRE,
rue de Bussy, n° 17,
ET PALAIS-ROYAL, GALERIE VITRÉE, N° 13.

1842.

A MESSIEURS·

Brulé, Maire de Vaugirard, Chevalier de la Légion-d'Honneur; Postansque, Adjoint, Notaire, Suppléant au Juge-de-Paix, Membre du Conseil d'arr. et du Comité cantonnal d'inst. publique; Ganda, Adjoint, Propriétaire; Gautier d'Uzerche, Député de la Corrèze, Officier de la Légion-d'Honneur, Lieutenant-Colonel de la 13e légion de la Garde nationale de la Seine; Fondary, Propriétaire, ancien Maire; Laroze, Propriétaire, Capitaine de la Garde nationale; Ansous, Propriétaire, Membre de la Commission de répartition; Leroy, Propriétaire; Fauveau, Propriétaire, Membre du Bureau de bienfaisance et de la Commission de répartition; Sanson, Propriétaire; Pernot, ancien Maire; Bergeron, Propriétaire, Chevalier de la Légion-d'Honneur; Valette, Propriétaire, Avocat, Docteur et Professeur à l'École de Droit; Perrot, Propriétaire; Mène, Propriétaire, Docteur-Médeçin; Jacqueau-Brunet, Propriétaire; Doré, Propriétaire; Girard, Propriétaire; Lafaurie, Propriétaire, ancien Adjoint; Raby, Capitaine de la Garde nationale,

Membres du Conseil municipal.

Messieurs,

Je vous devais à plusieurs titres la dédicace d'un livre qui a pour objet l'honneur d'une com-

mune dont vous êtes l'âme et le soutien; mais parmi les puissans motifs qui dirigent l'hommage que je vous rends, j'ai su distinguer celui qui était le plus flatteur pour vous. Oui, Messieurs, sans perdre de vue la prééminence de vos fonctions, j'ai suivi plutôt les impressions de l'estime que la loi du devoir. Tel est le prix du vrai mérite; il attire la vénération, et relève l'éclat des dignités.

Si l'exactitude à remplir les pénibles fonctions de la magistrature municipale a suffi pour rendre chers à la patrie les noms des grands hommes placés sur une vaste scène, vous avez droit à la même gloire, quoique vous agissiez dans une sphère plus étroite. Notre capitale érige des statues à ceux qui furent l'honneur de la cité, et entoure de ces vieux souvenirs le palais de son illustre représentant ; je voudrais vous élever un monument moins humble que celui que je vous offre, car, semblables à ces personnages célèbres, vous faites éclater le même zèle pour tout ce qui peut concourir à la prospérité de cette commune et au bonheur de ses habitans.

Rappeler les sentimens et les actions de ceux qui exercèrent autrefois une heureuse influence dans Vaugirard, c'est faire votre éloge, puisque vous en êtes les imitateurs. Je le publie avec joie, par une juste reconnaissance pour l'amitié dont plusieurs d'entre vous et l'estime dont tous vous voulez bien m'honorer.

Puissent mes efforts, afin de conserver ces avantages, ne pas être impuissans ! Puissent-ils rendre le ministère sacerdotal, qui, vous le verrez dans cet Opuscule, ne se montra jamais étranger à aucun de vos intérêts, à aucune de vos gloires, digne de votre confiance inaltérable! Je la mériterais déjà toute entière, j'ose l'affirmer, si elle était uniquement le prix du zèle et du dévoûment avec lesquels j'ai l'honneur d'être,

Messieurs,

Votre très-humble et très-obéissant serviteur,

L. GAUDREAU.

VAUGIRARD

ANCIEN ET MODERNE.

CHAPITRE PREMIER.

Introduction.

VAUGIRARD, village considérable de l'Ile-de-France, maintenant département de la Seine, relève de l'arrondissement, du canton et de la justice de paix de Sceaux, l'une des deux sous-préfectures de Paris; il est situé au sud-ouest de la capitale et au nord de la sous-préfecture. Il fait partie de la banlieue de Paris, aux barrières duquel il est contigu, et n'est distant de Sceaux que d'une lieue et demie. Si nous consultons les historiens des environs de Paris et les Dictionnaires géographiques, ce qu'ils en disent se réduit à quelques notes de mépris plutôt que d'intérêt. C'est, disent-ils, un village sans importance, où se réunissent, les jours de dimanches et de fêtes, les ouvriers des faubourgs de la capitale, pour s'y livrer à des joies bachiques, dont les résultats sont presque toujours les excès, les querelles, souvent même l'effusion du sang.

J'essaierai de réparer cette injustice, et j'espère y parvenir facilement, en recueillant les matériaux çà et là répandus dans les diverses archives, en y joignant les observations des hommes amis de la science que j'ai pu consulter, les souvenirs des anciens du pays et les connaissances parfaites que j'ai de l'état actuel de ce village.

Non moins que toute autre localité, dans l'état de prospérité où se trouve chaque portion du sol de la France, Vaugirard s'est accru depuis un siècle d'une manière notable; les faits qui s'y sont accomplis offrent, comme partout, au philosophe, des sujets de réflexion graves; à l'ami de la science, des souvenirs utiles, des objets d'étude et des remarques instructives. Si l'on considère en outre qu'il est riverain, pour ainsi parler, de la capitale, et par conséquent que ce voisinage a dû produire sur lui une réaction continuelle, on conviendra qu'il méritait quelque chose de mieux que l'insulte et l'oubli.

D'ailleurs, j'ai pensé faire une chose bonne et utile en me livrant à cette monographie ; car si l'on faisait pour d'autres lieux ce que j'ai entrepris pour Vaugirard, nous aurions une histoire entière de notre patrie, dont la vérité serait incontestable. Que dans chaque bourg, chaque village, il se trouve une plume qui se consacre au récit des faits, des curiosités, des ressources qui s'y rattachent, bientôt de ces lambeaux divers, un historien savant et judicieux composera le tout le plus complet et le plus véridique que l'on puisse imaginer. Cette idée n'est pas nouvelle ; elle était le vœu que formait l'érudit abbé Lebeuf, qui en a tracé le premier modèle. La réaliser, autant que possible, serait une œuvre patriotique : car aimer, servir le lieu que l'on habite, c'est le devoir d'un ami de la patrie. Dans quelque cercle étroit que l'on se trouve placé par la Providence, il est possible de marquer son zèle ; et quelque petits que soient les services, on ne doit pas se décourager. Les travaux partiels sont nécessaires à l'achèvement de l'œuvre la plus vaste, comme la prospérité particulière est la base de la prospérité publique.

En travaillant dans ce but, j'ai considéré d'ailleurs les heureux avantages qui en seraient les résultats; faire mieux connaître Vaugirard, engager l'administration supérieure à s'occuper plus activement, s'il est possible, de son avenir, fixer sur lui l'attention des spéculateurs qui seront tentés de le choisir pour leur séjour et d'y asseoir leur fortune : telles sont les fins ultérieures que je me suis proposées. Au reste, qu'on ne s'étonne pas si les détails religieux reviennent souvent dans la suite de cet ouvrage; il ne pouvait en être autrement.

J'ai fait tout mon possible pour ne rien omettre des faits que présentent la science, l'histoire, l'industrie, les intérêts matériels ; mais les souvenirs religieux occupent toujours et naturellement le premier rang. Les Mémoires qui nous restent sur les petites localités sont bien plus l'histoire du clocher que l'histoire de la commune, parce que dans un village autrefois tout se groupait autour de la religion, tout s'animait à son influence : pour être fidèle à la vérité, je ne pouvais donc que marcher dans cette route.

Avant d'entrer en matière, je dois rendre hommage à ceux qui m'ont rendu la tâche moins pénible : autorités civiles, simples particuliers se sont empressés de concourir à mon projet : je dois le dire par reconnaissance, et aussi pour donner plus de poids à mes renseignemens. Les archives de la mairie, un manuscrit laissé par M. de Préneuf, l'un des curés les plus vénérables de Vaugirard, les historiens de la ville et du diocèse de Paris, quelques Dictionnaires biographiques et autres, les cartons des archives du royaume, un petit nombre de manuscrits de la bibliothèque royale; enfin, les traditions des anciens habitans, telles sont les sources où j'ai puisé. Quand on bâtit à neuf, les matériaux de la vieille maison trouvent heureusement place dans la construction nouvelle : c'est pour cette raison que je n'ai point balancé à faire entrer dans cet ouvrage tout ce que m'ont appris ceux qui m'ont précédé.

Grâces leur soient donc rendues, et généralement à tous ceux qui m'ont aidé de leurs conseils, de leurs souvenirs, de leurs récits : heureux si chacun, selon notre pouvoir, nous avons été utiles à notre pays !

CHAPITRE II.

Histoire naturelle de Vaugirard.

Quelques anciens écrivains ont avancé qu'au midi de Paris était autrefois un grand lac alimenté par les eaux de la Seine et de la Bièvre : il aurait commencé vers Corbeil, et se serait prolongé tortueux, inégal dans sa largeur, mais constamment profond, jusqu'aux portes de Mantes. Ses eaux eussent couvert, au-dessus de Lutèce, les plaines de Vitry et de Maisons, et au-dessous, celles de Grenelle, de Vaugirard et d'Issy. Quoique ce fait ne soit appuyé que sur de simples conjectures et sur les remarques très-avanturées d'un petit nombre d'auteurs, il peut expliquer l'état géologique et minéralogique de Vaugirard.

Sa fertilité ancienne est incontestable ; il devait cet avantage aux sources nombreuses qui, s'échappant des hauteurs qui le dominaient du côté de Montrouge, rafraîchissaient la vallée d'où il tire son nom. A voir cette rase campagne qui se prolonge vers Montrouge, Vanves et Châtillon, on s'imaginerait que la charrue a toujours dû sillonner ces terres ; on se tromperait. La plaine était, il est vrai, occupée par plusieurs centaines d'arpens de vignes ; mais des bois touffus en interrompaient de place en place l'uniformité, et ornaient d'une manière pittoresque les bords de Vaugirard. Plongeant de leurs racines dans l'humidité souterraine, ils la ramenaient et la conservaient à la surface : sans même remonter plus haut qu'à une cinquantaine d'années, alors il en restait encore une grande partie, et le lieu dit la *Croix de la Garenne,* où l'on voit debout quelques vieux arbres situés au centre de la plaine, plus haut quelques bouquets de bois çà et là subsistant du côté de Châtillon, demeurent comme souvenirs de ce qui existait autrefois. C'est ce qui explique le choix que d'excellens cultivateurs avaient fait de cette colline, pour y planter des marronniers ou des tilleuls, soit en quinconces, soit en vastes allées, et tels que nous les voyons aujourd'hui dans les propriétés occupées par MM. Davin, Rivière, Perret, Poiloup : ils doivent leur longue existence et leur belle symétrie, pour la plupart, au célèbre Lenôtre.

Cette végétation suivait la côte jusqu'à Issy, puis se prolongeait jusqu'à Meudon, et embellissait la route sinueuse qui longe la Seine. Les nombreuses sources que renfermaient ces hauteurs ne se sont pas taries dans les villages voisins, parce que les bois y ont été mieux conservés, les terrains y ont été moins fouillés qu'à Vaugirard, où l'on a creusé tant de carrières et extrait des masses prodigieuses de marne et de glaise. Privée de son lit naturel, l'eau a dû se perdre dans les couches de sables inférieures, et laisser aride un sol dont on travaillait à l'expulser. Moins tourmentée aux alentours, elle a continué d'alimenter les fontaines et de répandre une agréable fraîcheur. Il est une autre cause de la sécheresse du terroir actuel.

La Seine, depuis de longues années, a dû s'éloigner de Vaugirard, en appuyant son cours petit à petit sur la rive droite : en voici la preuve. Vanves, le village le moins éloigné de Vaugirard, était autrefois la demeure des pêcheurs. Helgand, en effet, dit dans la Vie du roi Robert : « Nous arrivâmes au port de la Seine, que

« l'on appelle la *Benne de Charles,* c'est-à-dire
« la pêcherie. » *Ecce venientes ad portum sequanæ, qui dicitur Caroli Benna, hoc est piscatorium.* Or, selon la remarque d'André Duchêne (*Antiq. de Paris*), confirmée par tous les Dictionnaires d'étymologie, *Benna* donna naissance au mot *Banna*, d'où l'on forma plus tard *Vanna* et *Vanves*. Une charte du roi Robert, de 998, le désigne sous le nom de *Vanna*, qui, en latin du moyen âge, dit Delort, signifie *pêcherie*. S'il est vrai que Vanves était un hameau composé de pêcheurs, on en concluera que la Seine dut autrefois l'avoisiner et baigner les bords d'Issy, comme d'ailleurs plusieurs vieillards se ressouviennent de l'avoir entendu dire à leurs pères, et comme le prouvent aussi les ruines d'une route dont on voit les vestiges en montant de Vaugirard au bas Sèvres. Elle s'est donc de beaucoup reculée ; ce qui n'a pas peu contribué à diminuer la fertilité de Vaugirard, à qui elle n'a abandonné que des sables arides, tels que ceux sur lesquels repose tout le village de Grenelle.

La géographie minéralogique nous représente Vaugirard placé sur un sol d'atterrissement, formant un cap avancé, bas, composé d'un plateau calcaire. Il n'existe, dit-elle, actuellement presque aucune conduite d'eau souterraine, et les puits seuls fournissent aux besoins domestiques et agricoles. Cependant l'eau de quelques-uns, situés sur la gauche en venant de Paris, est potable ; on cite spécialement celui du collége de M. Poiloup. Vaugirard possède deux sources d'eau minérales, dont on pourra tirer de grands avantages par la suite : la première existe rue Blomet, n° 95, dans une propriété appartenant autrefois à M. Lemeunié, et aujourd'hui à M. Chapot. L'ancien propriétaire, très-curieux de faire connaître leurs excellentes qualités et d'en répandre la réputation, les avait fait analyser par des chimistes distingués. On peut lire un Mémoire très-étendu, publié en 1769, et conservé à la bibliothèque de l'École de médecine (29e vol. des *Mélanges sur les eaux minérales*), pour savoir leur composition, leurs vertus et l'estime dont elles étaient alors en possession. Les lignes suivantes en seront comme le résumé succinct.

D'après les expériences faites par M. Rouelle, démonstrateur de chimie au Jardin du Roi, réitérées jusqu'à trois fois et à des époques différentes, par MM. Hérissant et Darcet, régent de la Faculté de médecine, dont les résultats furent identiques, une livre des eaux de cette source contient environ 34 grains de sélénite, 8 grains de vrai nitre, autant de sel marin, 8 grains de terre absorbante ou calcaire, une très-petite quantité de sels déliquénens. Ces principes sont intimement unis à l'eau, qui les contient en dissolution : ils restent confondus très-long-temps, puisque les eaux soumises à l'examen de M. Rouelle ayant été conservées plus d'un mois avant d'être évaporées, ils s'y trouvaient néanmoins en tout temps. La petite quantité des matières constitutives de ces eaux ne doit pas former un préjugé contre leur efficacité, car de très-habiles médecins ont reconnu et enseigné que la vertu des eaux dépendait souvent plus encore de la division parfaite et de l'association intime des principes qui y étaient mêlés, réunis en un seul corps, que de la quantité de ces mêmes principes. L'expérience seule peut donc prononcer sur le mérite réel des eaux minérales : or, elle a parlé en faveur de celles dont il est ici question. Un grand nombre de médecins distingués les ont approuvées, en ont prescrit l'usage. Ils les ont considérées comme rafraîchissantes, délayantes, apéritives, laxatives et stomachiques.

La fontaine qui les renferme se trouve au milieu d'un vaste et beau jardin; on y descend par un escalier de trente-six marches. Le propriétaire actuel, guidé par le désir d'être utile, a fait élever un bâtiment de trois étages, et construire quatre pavillons disposés chacun à l'un des coins du jardin, qui conviendraient parfaitement à une maison de santé, où l'on profiterait de ce bienfait de la nature. Il distribue même de ces eaux à un prix très-modéré, soit qu'on veuille les prendre à Paris, soit qu'on préfère les puiser sur les lieux.

La seconde source, dont la découverte est plus récente, se voit rue de la Procession, chez M. Bonnet, jardinier fleuriste. Voici la note intéressante que nous a communiquée à ce sujet M. Ferdut, docte pharmacien de Vaugirard. Il existe dans la partie sud, et à partir des coteaux de Vanves, une veine d'eau douce coulant sur une couche d'argile. L'eau suit les mouvemens de la couche, et va se perdre aux environs de la barrière des Fourneaux ; ce qui explique pourquoi il y a, dans le quartier occupé par les rues des Vignes, des Tournelles, de la Procession et par la ruelle volontaire, des puits dont l'eau est potable et peut servir à la cuisson des légumes et à l'industrie des blanchisseurs. A quelques mètres de ces puits, l'eau redevient telle qu'elle existe dans tous les environs de Paris, c'est-à-dire qu'elle est chargée d'une grande quantité de sulfate et de carbonate de chaux, avec quelques grains de sulfate de magnésie. Près de ce filet d'eau douce il existe, sur le point presque le plus élevé de la rue de la Procession, dans la propriété du sieur Bonnet, jardinier fleuriste, un puits d'un assez grand diamètre, dont l'eau est, il est vrai, transparente lorsqu'elle vient d'être tirée, mais qui rougit lorsqu'elle a demeuré quelques heures à l'air. Si on la laisse reposer dans des tonneaux, vingt-quatre ou quarante-huit heures après, il s'est formé à sa surface une sorte de pellicule qui prend la couleur de l'iris. L'eau paraît alors très-rouge à l'œil de l'observateur; ce qui provient de la grande quantité d'oxi-carbonate de fer qu'elle dépose, par suite de son contact avec l'air. Tous les vases qui servent à la puiser, tous les linges employés comme tampons aux baquets qui la contiennent, sont imprégnés et pénétrés, après quelques jours, de la même couleur rouge foncé. En la buvant au sortir du puits, elle a un goût astringent très-prononcé; mais le lendemain, ce goût devient styptique : plusieurs malades en ont fait usage pour boisson ordinaire, et presque tous en ont obtenu d'heureux résultats. M. Chevalier, professeur de l'Ecole de pharmacie, est venu plusieurs années de suite visiter ce puits, et il a observé que ceux qui l'environnent participent légèrement à la qualité qui le distingue, mais que, bien plus que tous les autres, il donnait une eau, laquelle, d'après l'analyse, prouvait la présence du fer à un degré très-remarquable. Cette eau minérale, bien supérieure à celle de Passy, pourrait être fort utile à la médecine, et devenir une ressource précieuse à l'industrie, si surtout on l'employait dans une teinturerie, afin d'éviter les sels de fer, dont on fait un usage nuisible sous bien des rapports dans ce genre de travail. Ce puits offre dix-huit pieds d'eau, qui presque jamais ne descend à une échelle inférieure : sa grande abondance ne fait qu'augmenter les regrets du jardinier, car il se voit contraint de s'en abstenir pour l'arrosement des plantes d'une nature frêle et d'une couleur délicate.

La hauteur du sol de Vaugirard, relativement au zéro du pont de la Tournelle, est de vingt-trois mètres au-dessus du niveau de l'Océan ; ses carrières présentent les dispositions de terrain suivantes. On trouve d'abord dix-huit lits de marne calcaire et argileuse, qui forment une classe d'environ trois mètres d'épaisseur; ensuite viennent les bancs qui renferment les *lu-*

cines et les *cérites* de pierre, et des *miliolites* en quantité prodigieuse. Après avoir passé un beau rouge, presque uniquement composé de *cérites,* on rencontre immédiatement une couche de calcaire marneux qui présente de nombreuses empreintes de feuilles. Le terrain qui s'étend depuis Vaugirard jusqu'à Montrouge a été exploité pour la pierre que l'on extrait en monolithe, de huit et quelquefois de douze pieds de longueur, ou en moellons qui promptement se durcissent à l'air. Les sables et la glaise qui en proviennent aussi sont assez souvent mélangés de parcelles de cuivre, de fragmens de steld, de spath et de pirites martiales, ce qui motiverait l'espérance de trouver à l'avenir quelques filières très-précieuses de ce métal. Les curieux de l'histoire naturelle trouvent dans les sablonnières des pelures d'oignons, des huitres, des bucardes, des buccins, des tellines, des ris, des troques renfermées dans les pierres avec les peignes et le corail fossile.

A ces remarques, que nous avons extraites d'auteurs anciens, nous joindrons celles plus récentes de M. C. Recluz, pharmacien à Vaugirard, et en même temps homme d'un talent très-distingué dans la géologie et dans les autres branches des sciences naturelles. De longues recherches lui ont fait recueillir des faits intéressans, parmi lesquels quelques-uns touchent spécialement Vaugirard.

Les carrières destinées, dit-il, à exploiter la pierre à bâtir, connue parmi les minéralogistes sous le nom de *calcaire grossier,* renferment quelques dépouilles de mollusques. Dans ce calcaire, on trouve une quantité énorme de cérites (*cerithium,* Brugnière, Lamarck). Elles y sont si considérables, qu'il est de notoriété publique que la plupart des pierres en sont presque entièrement formées; aussi sont-elles caractéristiques de ce terrain. Ce calcaire renferme encore des pleurotomes, des fuseaux (*fusus*), des bucardes (*cardium*), des turbinelles, un cône, des natices (*natica spirata, nat. acuta*), une volute, et une à deux espèces de turritelles. Dans une carrière située rue de la Procession, le calcaire renferme une grande quantité d'une sorte de mulette ou moule de rivière (*vnio*), et quelques autres espèces de bucardes. En 1821, le garde champêtre de Vaugirard, dont le zèle pour la recherche des fossiles méritait de grandes louanges, et qui a procuré au Muséum des os de carnassiers très-curieux, des oursins et d'autres fossiles dignes d'intérêt, découvrit, dans une carrière située derrière la maison de

M. Gautier, et à une profondeur très-considérable, deux espèces remarquables de coquilles fluviatiles, fossiles qui jusqu'à présent n'ont été retrouvés nulle part. Ces coquilles gisaient dans une couche étroite, peu profonde, composée d'argile et intercalée dans le calcaire grossier. Quoique placée au milieu de couches marines, celle-ci ne contenait cependant que des coquilles d'eau douce. M. Constant Prévost, géologue et professeur distingué de Paris, à qui elles furent remises, les décrivit dans le Journal de physique de juin 1821; M. Deshayes, dans son savant ouvrage de l'*Histoire des coquilles fossiles des environs de Paris*, en donna une figure, et fit sur elles un rapport étendu. Ces deux coquilles sont : 1° la paludine de Desmarest (*paludina Desmaresti*, C. Prévost), coquille ovale-conique, un peu renflée, paraissant lisse à l'œil nu, mais se montrant finement striée en travers avec le secours de la loupe; composée de six tours de spire, séparés par une suture large et profonde; son ouverture est ovale et bordée de deux bourrelets circulaires. *Longueur*, 9 *millim.* (1). 2° La paludine conique (*pa-*

---

(1) C. Prévost, Journ., juin 1821, page 1

2

ludina conica, C. Prévost), coquille ovale-conique, très-lisse, acuminée, formée de tours de spire planulés, séparés par une suture superficielle, à spire saillante et à ouverture ovale, anguleuse ; à péristome aigu. *Long.,* 9 *millim.* (1). Ces deux espèces sont donc, quant à présent, caractéristiques de ce terrain. Celui qui nous a communiqué cet article a ouï dire que l'on avait encore découvert une espèce très-rare de nérite d'eau douce (*neritine,* Lamarck) dans l'argile d'une autre carrière ; mais malgré l'impulsion bien naturelle qu'un fait de cette nature devait imprimer à sa curiosité, puisqu'il s'occupe depuis plusieurs années d'une grande Monographie de la famille des *néritacés,* il ne lui a pas été possible de vérifier cette conjecture.

Pendant long-temps les botanistes ont trouvé dans les terrains qui avoisinent l'église de Grenelle, la *centaurea solstitialis* (Linnée), qui ne se voit ordinairement que dans les pays méridionaux ; depuis les constructions nouvelles, elle

---

— Deshayes, *hist. coq. foss.* Paris, t. 2, page 129, pl. 15, fig. 13, 14. Fossile à Vaugirard, très-rare.

(1) C. Prévost, *loco cit.,* p. 11, n° 2. — Deshayes, *loco cit.,* pl. 16, fig. 6, 7. Fossile à Vaugirard, très-rare.

en a disparu, aussi bien que de toute la flore parisienne. Par compensation, la *trichostomum rigidum* (Hooker), sorte de mousse que l'on ne croyait exister qu'en Angleterre, se trouve en abondance sur les murs des terrains maraichers. Enfin le chou d'hiver, espèce seule susceptible de résister aux gelées les plus rigoureuses, croît dans ces mêmes terrains, et contribue au bien-être des cultivateurs qui s'y adonnent de prédilection.

Pour ne rien passer sous silence, disons encore que le terrain de Vaugirard produisait des simples, dont M. Tournefort faisait grand cas, au rapport de l'historien de la *Vie privée des Français* (M. Legrand d'Aussy), lequel, citant Charles Etienne à cette occasion, ajoute que Liébaut vantait les excellentes qualités des navets de Vaugirard, non moins estimés des Parisiens que ceux de Maisons. Quant au vin que produisaient les divers coteaux de ce lieu, on n'a jamais eu à lui donner de grands éloges. Semblable à celui de Brétigny, *il faisait,* disait-on autrefois proverbialement, *danser les chèvres.* Voici l'origine de cette expression populaire. Il y avait, soit à Brétigny, soit à Vaugirard, l'exactitude de la tradition n'a pas été poussée jusqu'à nous conserver le nom du vil lage, un habitant nommé *Chèvre*, qui aimait fort à boire; or, l'ivresse lui inspirait une gaîté folle, et sa folie, dans cet état, consistait toujours à faire danser sa femme et ses enfans. Par ce moyen, la famille Chèvre dansait aux inspirations du vin de Vaugirard, ou bien le vin de Vaugirard faisait danser les Chèvres.

CHAPITRE III.

Commencement de Vaugirard.

Jusqu'au douzième siècle, nous ne trouvons qu'un très-petit nombre de faits qui rappellent le souvenir de Vaugirard ; nous en ferons mention dans la suite. A cette époque seulement, quelques constructions furent commencées. Les gras pâturages qu'offrait ce territoire y attirèrent des pâtres et des nourrisseurs de bestiaux : ils y construisirent des étables, d'où le village tira son premier nom, *Valboistron,* formé des mots *vallis, bos, stare.* En effet, le poète Abbon se sert du mot *bostar* pour désigner une étable, lieu où se tient le bœuf.

Cette terre relevait de l'abbaye de Saint-Germain, comme dépendance du village d'Issy, dont Childebert avait gratifié saint Germain, évêque de Paris, et que ce même pontife avait cédé à l'abbaye de ce nom en 558. La charte de fondation de la nouvelle abbaye portait, en effet, donation du fief d'Issy avec ses appartenances et dépendances, dont Valboistron était la plus importante, droit de pêche sur le fleuve, depuis les portes de Paris jusqu'au rû de Sèvres, petite rivière qui alors se jetait dans la Seine, et chemin de dix-huit pieds de large sur les deux côtés de la rivière. (*Calendrier historique de l'Eglise de Paris,* par Lefevre, 1747, 28 mai.)

Gérard de Moret, abbé de Saint-Germain, prit en affection ce lieu, où sa communauté possédait de très-belles fermes; et pendant vingt ans, à dater de 1258, il mit tous ses soins à l'embellir. Il combla de bienfaits les habitans de ce hameau, leur accorda des priviléges, et fit construire au milieu d'eux une maison pour les religieux convalescens de son abbaye. Elle était située à la place des maisons qui précèdent aujourd'hui la rue des Vignes, et spécialement au passage Bourbon; une chapelle, sous l'invocation de saint Vincent, était dans le fond. On y célébrait les offices divins; et dans la maison aussi bien qu'à la chapelle, on pratiquait les mêmes exercices que dans l'abbaye. La chapelle fut détruite en 1704, par ordonnance de M⁹ʳ de Noailles, sur la demande des religieux, qui observaient que depuis trente ans elle n'était d'aucune utilité, et que cette masure abandonnée pouvait même devenir un lieu de rendez-vous pour les malfaiteurs. (Arch., L. 130.) Quelques ruines étaient encore debout au moment de la révolution ; les anciens du pays se ressouviennent de les avoir vues, à l'extrémité de gauche de la rue des Vignes, avant la maison dite *Dunepart*.

Cette fondation contribua à l'accroissement rapide du nouveau village; et les habitans, par reconnaissance, l'appelèrent du nom de leur bienfaiteur, *Valgérard*, *Vaulgérard*, et par suite *Vaugirard*, comme il se nomme actuellement : on lit également ces trois noms dans les anciens cartulaires. Vers le même temps, une étymologie semblable donnait naissance au nom d'un bourg situé près du Havre (Seine-Inférieure). La ville de Gérard, *villa Gerardi*, tombeau de sainte Honorine, produisait le nom Gérardville, Grarville et Graville, actuellement usité.

Pierre de Courpalay, l'un des successeurs de l'abbé Gérard, fit acquisition de nouveaux biens dans ce lieu : ils lui furent vendus par Jean Oudard et Henri Verlegrand, tous deux gentilshommes propriétaires et héritiers de leur oncle Guiard de Vaugeville. Jean de Précy succéda à Pierre de Courpaley : sous ce nouvel abbé, les habitans d'Issy s'engagèrent à enfermer le clos de Vaugirard et son moulin, actuellement encore existant, d'une muraille haute de dix pieds. Vaugirard contribua pour sa part à ces travaux, qui n'étaient que le paiement d'un terrain que l'abbaye concédait à Issy, pour l'agrandissement de son église. Mais déjà l'on méditait une séparation d'avec la paroisse principale : les habitans alléguaient pour motifs la distance des lieux, la difficulté, spécialement en hiver, d'assister à la messe, et le danger de mourir sans sacremens. Ils demandaient donc à Jean de Précy la faculté de bâtir une chapelle. En 1342, ils achetèrent une place que leur vendit cet abbé à de légères conditions, et ils y jetèrent les fondemens d'un édifice qui fut dédié à la bienheureuse vierge Marie, le premier dimanche d'août. Ce jour fut désormais choisi pour célébrer l'anniversaire de la dédicace de la chapelle; toutefois, comme elle ne suffisait pas aux habitans, ils souhaitaient ardemment se constituer en paroisse.

Simon de Bucy, seigneur principal du lieu,

fut en cette occasion le grand protecteur de Vaugirard. Ce fut ce chevalier qui donna son nom à la rue de Bucy, percée sur l'emplacement d'une maison qu'il y possédait, et qui communiquait d'une part à la rue Saint-André-des-Arcs, de l'autre à une porte de Saint-Germain, dont M. de Bucy avait l'usage, d'après la cession que lui en avait faite J. de Précy en 1352. Une ordonnance de Philippe de Valois, datée de 1344, accordait à M. de Bucy un titre que personne n'avait porté avant lui, celui de *premier président au Parlement*; et cet honneur, comme celui dont il jouissait depuis long-temps de s'asseoir aux conseils du roi, lui donnaient une grande influence. Il en usa pour présenter une requête à Foulques de Chanac, évêque de Paris, demandant l'érection de la chapelle en église paroissiale. Les formalités furent remplies, selon les règles canoniques et civiles. Le roi, de son côté, permit aux habitans d'acheter un fond de 32 liv. de rentes sur les terres de son domaine, dont il leur remit les amortissemens, pour doter leur église; et en 1344, par lettres-patentes de Philippe de Valois, aussi bien que par ordonnance épiscopale, la paroisse fut instituée. On lit dans la Notice sur les évêques de Paris, annexée au grand Rituel, que Foulques commença par cet acte de juridiction son administration diocésaine. Par forme de dédommagement envers la paroisse d'Issy, et comme souvenir de leur ancienne dépendance, les habitans de Vaugirard furent contraints à payer 10 liv. parisis de rentes au curé d'Issy, et 2 liv. parisis de rentes à la fabrique de cette église; puis ils s'engagèrent à assurer 20 liv. de revenu à leur propre curé. Pour donner à la paroisse d'Issy une solide garantie du paiement de ces rentes, on acheta une maison à Montlhéry, que l'on céda à bail à deux habitans de cette ville, Jacques Rose et Guillelmine sa femme, Pierre Rose et Jeanne sa femme. Ils s'engagèrent à solder en quatre termes les rentes dont la nouvelle fabrique était grévée. Cette acquisition, ainsi que les frais qu'elle occasionna, montèrent à plus de 800 liv. Simon de Bucy fournit les moyens de satisfaire à toutes ces conditions, en cédant aux habitans de Vaugirard quelques terres de son domaine qu'ils pussent faire valoir. Il se montra plus généreux encore; car en 1352, ému de leur pauvreté, qui s'accroissait sans cesse par les charges que leur zèle avait acceptées, il consentit à leur assurer 60 liv. de rentes, moyennant l'engagement pris par eux de payer à l'abbaye de Saint-Germain une autre rente de 20 liv., dont il était lui-même débiteur, et que Geoffroy, autre abbé de Saint-Germain, amortit gratuitement. Puis il donna au curé et à ses successeurs une maison presbytériale, accompagnée d'un jardin, qui plus tard furent agrandis par la munificence des autres seigneurs. Cette propriété existe à l'angle de la rue Saint-Lambert, près de l'église, et appartient à M. l'abbé de la Planche, grand-vicaire de Séez. Il donna pour le vicaire une maison attenante à celle du curé; et sur le devant de cette maison, un local affecté aux écoles de garçons, faites par un chapelain : enfin, devant la chapelle était un terrain suffisant pour former un cimetière, qui aujourd'hui est converti en une place publique. Au bout de ce cimetière était une petite maison donnant sur la Grand'Rue, et où se faisaient les écoles de filles; M. de Bucy en était également le donateur. La chapelle ne suffit bientôt plus à la population ; une seconde et une troisième fois elle fut agrandie par ce même seigneur : le titre de fondateur-patron fut dès lors acquis à lui, à sa femme Nicole et à ses héritiers ou successeurs. Tous ces détails sont extraits de l'*Histoire de l'abbaye Saint-Germain* en grande partie, et de l'ouvrage de l'abbé Lebeuf.

Les rentes furent exactement payées à la paroisse d'Issy pendant quatre-vingts ans environ ; mais en 1433, les héritiers Rose ayant fait de mauvaises spéculations, ne remplirent plus leurs obligations : il s'ensuivit un procès entre les deux paroisses, qui fut porté devant l'évêque de Paris, Jacques du Chastellier. Il commit, pour examiner l'affaire et prononcer un jugement canonique, Jean Chuffardé, chancelier du chapitre. Les habitans d'Issy, dans leur plainte, rappelaient les engagemens contractés par la fabrique de Vaugirard, qu'elle refusait, disaient-ils, de remplir sans motif raisonnable, et ils demandaient que, faute d'y être fidèle, Vaugirard fût réintégré à la mère-paroisse.

Les habitans de Vaugirard, par l'organe de Radulphe Mauprouvé, leur curé et leur fondé de pouvoir, alléguaient 1° que la séparation avait eu pour motifs l'éloignement de l'église paroissiale, la difficulté des communications pendant les mauvais temps surtout, la négligence des curés, qui ne voulaient pas traverser les glaces et les neiges en hiver pour aller au loin porter les sacremens, et que, ces raisons étant devenues plus urgentes encore, il fallait avoir plus d'égard aux intérêts des âmes qu'aux intérêts d'argent ; 2° que, dans le principe, Vaugirard avait fait d'immenses sacrifices dont on devait lui tenir compte; 3° qu'il convenait de comparer la situation des deux paroisses : Issy était riche et grandement peuplé, Vaugirard était pauvre et abandonné par toutes les familles aisées. « Par suite des divisions qui désolent le « royaume, continuaient-ils, et des guerres sur- « venues depuis quatorze ans, la population s'é- « teint de jour en jour. Il y avait, lors de l'érec- « tion, plus de cent feux; il n'en reste plus que « dix; tous les hommes ont fui, et le peu qui « y reste demeure *à la mussète* et *clandestine-* « *ment;* les aides, les impôts épuisent toutes les « bourses; les maisons sont de toutes parts dé- « molies : faut-il donc entièrement abandonner « le village, comme déjà plusieurs ont commencé « à le faire? » Ils concluaient en demandant au moins diminution et modération à leurs charges, le roi lui-même ayant agi ainsi pour les impôts publics.

Le jugement intervint en 1436 : il portait que, pour les trois annates passées, Vaugirard paierait 6 liv. avant Pâques; que pendant quatre ans il ne paierait plus que 4 liv., mais que, ces quatre années révolues, il paierait 12 liv. comme dans le principe. En vain le curé appela-t-il à Sens de ce jugement, Vaugirard fut astreint à cette redevance jusqu'en 1789. Cette procédure est extraite des actes authentiques que l'on conserve précieusement dans les archives de l'église d'Issy. Elle est très-intéressante par le style naïf dans lequel sont exprimées les plaintes de chacune des deux parties.

Tels furent les commencemens de Vaugirard. En 1350, il était un hameau de trois cents âmes; les ravages de la guerre le firent bientôt décroître. Il souffrit surtout des dissentions qui agitèrent la capitale sous Charles VII : c'était dans l'année du procès dont nous venons de parler que Richemont et Dunois firent capituler Paris. Alors les pauvres habitans des communes suburbaines, victimes de tant de désastres, ne logeaient que dans des étables ou des caves obscures ; ce qui avait donné lieu à une plaisanterie assez connue. On disait d'une personne embarrassée pour écrire devant une compagnie, qu'elle ressemblait au *greffier de Vaugirard*. Il ne pouvait en effet écrire en présence de témoins, car, vu l'exiguité de son local, ils se seraient forcément placés devant l'unique porte qui lui procurait la lumière. Cette réflexion nous rappelle la répartie pleine de finesse de François Ier, que les Mémoires nous ont conservée. Maximilien venait de mourir et laissait vacante la couronne d'Allemagne, briguée par Charles d'Autriche et François Ier. Ce dernier, fatigué des ruses, des subtilités, des perfidies de son concurrent, prend la résolution d'en appeler aux armes. Son génie chevaleresque regarde ce moyen comme le plus court et le plus certain pour terminer le différend : il envoie donc un cartel. La réponse commençait par l'énumération emphatique des qualités du vaniteux Allemand : *Charles V, empereur d'Autriche, prince de Flandre, de Castille, d'Arragon, de Navarre, roi d'Espagne*, etc., etc. A de telles bravades, le chevalier couronné répond : *François, roi de France* et *comte de Vaugirard.*

Il ne paraît pas que Vaugirard ait acquis promptement de l'importance, car, sous Louis XIV même, il était encore si minime que Lafontaine le prenait pour point de comparaison, afin de désigner un endroit sans valeur. En parlant de gens qui causent de tout et n'ont rien vu : *Ils prendraient*, dit-il, *Vaugirard pour Rome.* (Fable du singe et du dauphin.) Mais le sieur F. de Rosset, traducteur français de l'Arioste, qui vivait en 1600, fait plus d'honneur à Vaugirard que le bon Lafontaine. Dans sa continuation de *Roland le furieux* (Aventur., 4, 6 et 7), il place dans les plaines de Vaugirard, comme dans un lieu très-remarquable, un superbe tournoi qui dura deux jours, et où se distinguèrent par leur force, leur courtoisie et leur valeur, les plus illustres chevaliers que les nations belliqueuses offrissent à cette époque. Il dit que cette vaste campagne est belle et riche de végétation; près d'elle se trouve un coteau tout couvert de roses, une petite source aussi claire que le cristal coule au travers, et convie le voyageur à se rafraîchir. Après avoir décrit la pompe du camp, où présidaient Charlemagne dans toute sa gloire, et Galerane l'impératrice dans toute sa beauté, il passe en revue la multitude de barons, de chevaliers, de rois, de nobles dames qui se sont réunis dans ce sîte enchanteur. Après bien des combats, voici venir du côté de Montrouge un guerrier portant un écu vert sans autre enseigne, c'est le roi de Norwége. A lui l'honneur de la première journée : mais sa gloire s'éclipse à la seconde. Du côté de Meudon s'élève une forêt druidique et à jamais vénérée; il en sort un chevalier monté sur un grand coursier, moitié noir, moitié blanc, ayant pour armes un dragon volant qui jette feu et flammes par les narines : il est quelque temps vainqueur. Toutefois, du côté de la Seine, arrive un troisième chevalier portant des armes toutes noires; au milieu de son écu est une rose verte couronnée d'épines. Le coursier qu'il monte traverse le fleuve à la nage. C'est Guidon-le-Sauvage, qui triomphe de tous les tenans : les trois rois du Nord sont abattus par sa lance; il remporte l'écu d'or, et gagne, avec lui, l'alliance de la belle Clorinde, reine d'Island, représentée par la gracieuse Ulanie.

Un procès que Vaugirard eut à soutenir en 1734, et dont les pièces sont conservées aux archives du royaume (L. 1142), nous fait connaître combien ce village s'était accru depuis l'époque de sa fondation. Nous y avons également puisé des renseignemens sur les vraies limites de la commune à cette date, sur la richesse de ce bourg et sur diverses autres circonstances de lieux et de personnes dont nous parlerons dans la suite. Il s'agissait de défendre plusieurs propriétaires assignés, à l'effet de rendre le pain béni dans l'église de Saint-Etienne-du-Mont, par les marguilliers de cette dernière paroisse. L'objet, minime en apparence, de cette altercation, entraînait de graves conséquences, car la fabrique de Saint-Etienne voulait ainsi constater ses droits paroissiaux sur un vaste territoire qu'elle revendiquait, d'après les donations faites à l'Abbaye de Sainte-Geneviève par les anciens rois; et cette prétention, si elle eût été fondée, attribuait à la ville de Paris une grande partie du sol où reposait Vaugirard.

La fabrique de Vaugirard prouva sa juridiction sur les maisons qui lui étaient disputées, dans un Mémoire très-bien composé. C'étaient la propriété dite le *Château-Frileux*, un hôtel appartenant à Mgr le cardinal de Gesvre, occupé précédemment par M. Richard, maître des postes étrangères, puis plusieurs bâtimens construits soit en-deçà du Château-Frileux, vers Paris, soit derrière lui, sur la rue de Vaugirard, jusqu'à l'alignement de la borne de Grenelle, qui se trouvait où l'on voit aujourd'hui la rue Copreaux. M. le curé Délangle, auteur de ce Mémoire, rappelle que la fabrique, de temps immémorial, a considéré ces terrains comme portion intégrante de la paroisse; que même dans ce territoire contesté se trouvent un enclos et un ancien cimetière que la fabrique a vendus, il y a quatre-vingts ans, sans réclamation, à M. de Maupeou, qui a transformé le premier en bâtimens habitables, et le second en une petite chapelle, où, à la vérité, un prêtre de Sainte-Geneviève vient dire la messe, toutefois avec le consentement et sous l'inspection du curé de

Vaugirard. Il termine en énumérant les conséquences déplorables des prétentions de Saint-Etienne, qui tendent à dépouiller Vaugirard d'un quart de ses habitans, de quatre-vingt mille toises de ses enclos et d'une vingtaine de maisons très-riches ; à faire changer les actes du Parlement, qui ont fixé les limites de la ville et des faubourgs de Paris ; à ruiner nombre de particuliers qui ont fait bâtir avec la certitude d'être exempts des droits d'entrée, et qui autrement les paieraient au grand détriment de leur commerce ; enfin à détruire une paroisse qui rapporte au roi, chaque année, plus de cent mille livres, et vaut à l'Etat une généralité entière. Déjà en 1633, même querelle avait été faite, et sur les conclusions de M. Nicolas Tavernier, curé du lieu, l'officialité diocésaine avait porté une sentence favorable à Vaugirard : on l'a jointe aux pièces du procès. La fabrique eut également gain de cause en 1734, et fut maintenue dans les droits dont Saint-Etienne voulait la dépouiller. Ce procès prouve au moins quelle était l'importance de Vaugirard, à l'époque où il eut lieu.

CHAPITRE IV.

Eglise de Vaugirard.

L'église de Vaugirard n'offrit jamais rien de complet et de régulier : construite sur une petite place commune, des deniers et par les soins du seigneur de Bucy, sans autre plan que l'alignement des rues qui l'entourent, elle en suivit la direction défavorable. La porte principale était primitivement rue Notre-Dame, derrière la chaire actuelle; et à gauche en entrant on avait la nef et le maître-autel. Les renseignemens que j'ai recueillis, l'examen de la toiture et le bandeau de pierre qui couronne en forme de corniche le bâtiment principal, prouvent que le premier agrandissement eut lieu par la construction du bas côté, qu'on fut obligé de terminer en angle perdu, pour s'accommoder à la disposition de la rue, et le second par la construction d'une sacristie. La première augmentation de la chapelle primitive fut faite par Mathieu Chartier, vers 1400 : on en a pour témoignages les Mémoires que l'on conservait autrefois dans les archives de la paroisse, et quelques écussons posés aux voûtes et aux piliers qui forment ce côté de l'église (arch., S. 3599). On abattit donc le mur de clôture de droite, qui était percé de fenêtres, semblables à celles de la gauche, et on éleva à la place des colonnes qui laissaient un libre accès au jour ; l'on construisit des voûtes ogivales, ornées de filets et d'arêtes pour ce nouveau bas-côté, qui fut éclairé par de grands vitraux coloriés selon l'usage des riches paroisses. Les ressources pécuniaires permirent cette architecture un peu plus distinguée. L'élévation de la sacristie ne remonte qu'à 1623. Dans le mois de septembre de cette année, en effet, une requête fut présentée par les marguilliers, à l'effet de bâtir une sacristie sur une petite place qui se trouvait à la pointe de l'église. La permission fut accordée, vu la bonne volonté du seigneur patron d'en faire les frais, et à condition que la croix qui était plantée en ce lieu serait transférée dans celui où était autrefois une autre croix, sur le grand chemin tendant à Sèvres (arch., L. 130); c'est probablement celle qui fut appelée *Croix de nivert*. Il ne résulta cependant de ces constructions qu'un tout incorrect, sans noblesse, sans agrément. Le clocher seul offrit un aspect grave et imposant, comme on le voit encore aujourd'hui. En vain perça-t-on plus tard la porte du côté de la Grand'-Rue, derrière la chapelle actuelle de la Sainte-Vierge, qui n'a été placée là que depuis 1833; en vain, il y a une trentaine d'années, construisit-on un portail du côté du cimetière, converti en place publique, et avec lequel l'église ne communiquait auparavant que par une issue dont on voit encore le ceintre sous le clocher; tous ces changemens n'apportèrent aucune amélioration notable à la défectuosité de ce temple. A chaque période, on avait pour but de procurer une enceinte plus large aux fidèles; on épuisait promptement les fonds, et l'on s'inquiétait peu de la perfection artistique.

Nous avons dit que l'église, bâtie par la piété des seigneurs et des habitans, avait été dédiée à la Sainte-Vierge; elle ne tarda pas à être placée sous un double patronage. En 1453, les reliques de saint Lambert, évêque de Maëstricht, données probablement par l'abbaye de Saint-Germain, furent apportées à Vaugirard avec une grande pompe. Un concours considérable de pélerins accourut de la ville et des bourgs voisins. Une confrérie s'établit en l'honneur de ce héros du christianisme : elle fut approuvée par lettres authentiques de Guillaume Chartier, évêque de Paris, en date du 11 juin 1453. Les miracles qui accompagnèrent cette dévotion donnèrent lieu à de précieuses indulgences, que la cour romaine daigna concéder à cette confrérie. Les papes Urbain VIII, en juin 1632 ; Clément IX, en 1669; et Clément XII, en octobre 1730, les renouvelèrent par des bulles spéciales (arch., S. 3599).

J'ai parcouru un superbe Missel que l'on conserve à la Bibliothèque royale (manusc. 835), et dont parle l'abbé Lebeuf, qui avait appartenu à cette confrérie. L'office de saint Lambert y est tracé en post-scriptum ; et à la fin du livre on lit cette phrase : *Jean Coullart, relieur de livres, demeurant à Paris, pont Notre-Dame, confesse avoir vendu ce Missel au maître de la confrérie de l'église à Vaugirard, pour la confrérie de saint Lambert. Il le promet et garantit envers et contre tous, témoin son seing manuel. Ce 6 octobre* 1478.

Saint Lambert était surtout invoqué pour la

guérison de la maladie de la pierre et des infirmités produites par les hernies. Des vieillards m'ont rapporté avoir vu le sanctuaire tapissé des ligatures qu'une foule de malades guéris par son intercession y avaient laissées en témoignage de leur reconnaissance. J'ignore quels faits historiques motivaient cette confiance ; seulement la prose inscrite dans le Missel dont je viens de parler rappelle deux traits de la vie de saint Lambert assez ignorés. Il y est dit qu'il procura par ses prières, à toute une population, le bienfait d'une source d'eau douce et limpide, à la place d'un marais bourbeux et infect que la mer avait formé au milieu d'une vallée rendue inhabitable par les miasmes pestilentiels qui s'en exhalaient; qu'en un autre temps, voulant promptement obéir à son père, il s'était hâté de prendre du feu dans le pan de son manteau, et que Dieu avait récompensé la vivacité de son obéissance, en permettant que le drap restât absolument intact.

On connaît, du reste, le courage de ce saint prélat, qui périt victime de la fureur d'un lâche assassin, que Pépin d'Héristal, père de Charles Martel, avait soudoyé, en haine de ce que ce pontife l'avait réprimandé de son libertinage. Imitateur de la sainte liberté de Jean-Baptiste, et dans les mêmes circonstances, il en éprouva le sort. Son martyre lui mérita dans l'église un culte solennel qui fut d'autant plus cher aux habitans de Vaugirard, qu'ils voyaient les pélerins affluer en plus grand nombre dans leur village. La dévotion à saint Lambert se répandait jusque dans Paris, où le chemin qui conduit à Vaugirard était tellement fréquenté par les pieux visiteurs, qu'il prit le nom de ce glorieux thaumaturge. En effet, la rue de Condé actuelle, qui commence au coin de la rue des Boucheries et aboutit à celle de Vaugirard, s'appelait, dans le principe, *clos Bruneau,* puis on l'appela rue *Neuve-de-la-Foire;* mais elle changea ce titre pour prendre celui de rue *Neuve-Saint-Lambert,* en 1520, comme on peut le lire dans M. de Saint-Victor : ce n'est qu'un quart de siècle après qu'elle reçut la dénomination qu'elle a conservée.

Le martyr de Maëstricht fut désormais honoré, comme second patron de l'église, qui reçut le nom de Notre-Dame-de-Saint-Lambert. Néanmoins, dans les provisions de la cure, en 1564, et sur une épitaphe qui date de 1635, dit l'abbé Lebeuf, on ne lit plus que : *Paroisse de Saint-Lambert.* Sa fête fut fixée à toujours au 17 septembre, ou au dimanche qui suit immédiatement : l'office, qui d'abord avait été en usage, se perdit pendant la révolution, ou du moins il n'en resta plus que quelques copies incomplètes et fautives. C'est pourquoi, en 1834, le curé composa une prose et une hymne nouvelles, compléta avec divers passages de l'Écriture sainte appropriés aux faits que présente la vie de saint Lambert, ce que la lithurgie parisienne renfermait en son honneur; muni de l'approbation de Mgr de Quélen, archevêque de Paris, il dota la paroisse d'un office spécial et digne d'une telle solennité. M. l'abbé Notelet, curé de Saint-Maur, en composa le chant, qui est grave et plein d'harmonie. Le troisième dimanche après Pâque, on célèbre l'office de la translation des reliques du même patron. Ce jour était probablement dans l'origine celui où, pour la première fois, on avait possédé ses précieux ossemens. Quoique bien avant 1791, et probablement pendant les guerres civiles du seizième siècle ils eussent été dispersés, anéantis, on ne laissa pas de faire cette fête avec la même exactitude; et aujourd'hui surtout on la célèbre avec d'autant plus de raison, que la paroisse a le bonheur de posséder des reliques bien certaines de saint Lambert. Elles les a reçues de M. Marduël, curé de Saint-Roch. Ce vénérable prêtre préserva de l'incendie et de la profanation, pendant la dernière révolution, une grande quantité de reliques, parmi lesquelles se trouvait un os de saint Lambert, échappé au pillage de la ville de Maëstricht par les Français, en 1794. Il fut présenté à Mgr l'archevêque, qui, après une enquête régulière et un examen sérieux de la châsse qui le renfermait, et des certificats qui y étaient joints, constata son authenticité, et par lettres datées de décembre 1828, permit qu'on rendît un culte public à ces restes mortels de l'illustre patron de Vaugirard.

A la confrérie de saint Lambert, il faut joindre celles qui se formèrent dès la fondation de l'église, pour avoir une idée exacte des habitudes du village : c'étaient celle de la Sainte-Vierge, dont le double but était d'honorer la mère de Dieu, et de distribuer des secours spirituels et corporels aux pauvres malades ; celle du saint Sacrement, puis plusieurs corporations, chacune sous l'invocation d'un patron particulier. Les vignerons se réunissaient sous le patronage de saint Vincent ; les laboureurs, voituriers et gens de marteaux, sous celui de saint Eloi ; les marchands de vins, sous celui de saint Nicolas ; enfin, les jardiniers, sous celui de saint Fiacre. Tous avaient leurs jours de fête, leurs statuts, leur bannière; ainsi la religion concourait à la prospérité de ce hameau. Entre ces confréries, deux seulement se sont soutenues jusqu'à nos jours, celle de la Sainte-Vierge, qui contribue à l'édification générale et à l'embellissement de l'église, en même temps qu'elle se rend utile aux pauvres malades, selon l'esprit de sa première institution, et celle de saint Fiacre.

C'est encore un spectacle consolant pour l'homme qui réfléchit, de voir le 30 août, chaque année, le concours de jardiniers qui s'empressent vers l'église, la joie pure qui éclate sur tous les visages, les bouquets distribués avec profusion à tous les assistans, les masses de fleurs et de guirlandes dont l'église, dès la veille, est embaumée par les soins de la confrérie. L'heure de la cérémonie est arrivée. Voici que la statue du saint patron va faire son entrée dans le temple : elle est portée par les plus anciens de la corporation; elle est entourée de tous les attributs du jardinage; la bêche, le rateau, la serpe, le puits même avec sa pompe aspirante, rien n'y manque; tout est délicatement exécuté dans de petites proportions. Les tambours et la musique militaire s'avancent en tête du cortége, puis viennent les confrères;

un des doyens tient haute et élevée la bannière, dont les plus jeunes se disputent les cordons; les autorités municipales, revêtues de leurs insignes, prennent part à la fête et ferment la marche. Le saint sacrifice commence : toute cette foule, il n'y a qu'un moment si agitée, se recueille; son attention redouble lorsque son pasteur, à qui depuis quelques jours on a fait cadeau du melon de fondation, monte en chaire et explique comment la religion sanctifie les travaux de l'année et les délassemens qui viennent si rarement les interrompre. Une quête termine la cérémonie; elle est faite par la fille d'un des plus anciens associés de saint Fiacre; le plus souvent, elle est consacrée à une œuvre de bienfaisance. Piété franche, union sincère, gaieté honnête et chrétienne, tels sont les caractères de cette fête. On se croirait revenu aux temps de la cordiale simplicité qui régnait parmi nos ancêtres, si la vétusté et la pauvreté de l'église ne rappelait qu'ils sont à jamais éteints.

Autrefois, en effet, à la droite du chœur était le banc des seigneurs-patrons, qui jouissaient des droits honorifiques; leurs armes étaient aux clefs de quelques voûtes et aux belles grilles de fer qui décoraient l'entrée du chœur. A gauche était un banc pour les abbés de Saint-Germain, qui, seigneurs hauts-justiciers d'une portion du village, y entretenaient un procureur fiscal, et avaient établi le poteau de la justice derrière la sacristie : un peu plus bas était celui de l'abbé de Sainte-Geneviève, seigneur haut-justicier d'une partie moins considérable, lequel avait également son procureur fiscal, et avait fait planter un poteau de la justice en face du parc de l'Ecole royale militaire. Adossée au clocher, était une tribune élégante en boiseries, et réservée à la famille Angran d'Alleray, dont on vendit les débris à l'époque de la révolution : on en voit encore la porte extérieure, murée par ordre de l'assemblée révolutionnaire communale, du côté de la rue Notre-Dame. Les murailles de l'église étaient revêtues de boiseries ; les vitraux présentaient des peintures assez remarquables ; chandeliers, croix d'autel, lampes, bénitiers, burettes et vases sacrés étaient d'argent massif ; quatre cloches annonçaient les cérémonies saintes ; un orgue, des ornemens très-riches, neuf pièces de tapisseries donnaient de la pompe au culte : outre le maître-autel, il y avait trois autels inférieurs dignement décorés et dédiés à la sainte Vierge, à sainte Geneviève et à saint Joseph : le premier était placé près du lieu aujourd'hui occupé par la chaire, et en touré d'une grille artistement travaillée ; il fut installé, après la révolution, à l'extrémité du bas-côté, dont il fermait le passage : ce n'est qu'en 1831 qu'il fut transporté plus bas, sur la petite porte que l'on supprima, afin de rendre l'église plus saine. J'ai puisé ces renseignemens en grande partie dans les registres conservés à la mairie, et où se trouvent consignés tous les objets vendus révolutionnairement ; d'autres registres, en indiquant les lieux où reposent les corps de certaines familles inhumés dans l'église, parlent de l'orgue et des autels. Aux processions publiques étaient portées la statue dorée de saint Lambert, ses ossemens ayant été perdus dans les troubles qui avaient affligé le royaume ; puis les reliques de saint Calcédoine, martyr ; de sainte Félicité, martyre, apportées de Rome par M. le cardinal de la Rochefoucauld, et données à la paroisse par Mathias Maréchal, en 1634 ; celles de saint Maximin et de saint Bénigne ; celles de saint Pacifique, de sainte Lucide, données à M. Lefebure, curé du lieu, par le pape Clément X, en 1671. Elles reposaient dans une châsse très-riche, présent fait, en 1724, par M. Cotelle, bourgeois de Paris. (Arch., S. 3599.)

Au mois de brumaire an 2 de la république,

l'église fut arrachée au culte catholique, et consacrée à la déesse de la Raison : aussitôt furent dissipés tous les objets précieux qu'elle possédait. Ce qui prouve combien était prompte la transition du bien au mal, en ce temps de vertiges, c'est qu'en janvier 93 on avait acheté la chaire que nous possédons encore au couvent de Saint-François d'Issy, et à la fin de la même année on brisait une partie de cette même chaire, on vendait trois cloches, on portait à la Convention deux marcs et demi de vermeil, vingt-un marcs quatre onces d'argent, sans compter les étoffes, broderies et franges d'or provenant des ornemens; les reliques avec leurs authentiques étaient brûlées publiquement; Vaugirard abjurait le nom de son premier bienfaiteur, et devenait la commune de *Jean-Jacques Rousseau;* les rues recevaient les dénominations les plus ridicules. En vendémiaire an 3 étaient adjugés à la criée les modestes biens de l'église avec ceux des Angran, des Priest, des Duchemin, des Tersac et des diverses communautés dont nous raconterons l'histoire. Nous ne parlerons pas ici des maisons, terres labourables, rentes, fermes en location et autres propriétés dont l'église fut spoliée en ces tristes circonstances; laissons-en dormir les titres aux archives du royaume, où nous les avons parcourus ; Nous tairons aussi les noms de ceux qui profitèrent de la dépréciation attachée à ces biens, et de ceux qui se distinguèrent par leur fougue républicaine ; ils sont consignés dans les procès-verbaux de la municipalité de cette époque. On y lit la description de certaines processions où figuraient des dieux et des déesses, dont les enfans sont aujourd'hui de bien pauvres mortels ; on y a conservé des pièces poétiques très-peu dignes de passer à la postérité. Le 18 prairial et le 30 brumaire de l'an 2 furent les époques les plus déplorables. A ce dernier jour eurent lieu la fête de la Raison et la consécration du village aux mânes des martyrs de la liberté, Lepelletier et Marat. Après que l'on eut été à l'église détruire tous les souvenirs du fanatisme, comme on s'exprimait alors, les bustes de ces deux tyrans, précédés de ceux de Jean-Jacques et de Brutus, furent portés en triomphe sur un char où siégeaient la divinité de la Raison, personnifiée dans une femme Bertot, qu'entouraient plusieurs vestales ; la divinité de la Liberté, représentée par une femme Villeneuve, habitante de la rue Zacharie, près Saint-Severin ; enfin, un Hercule, sous les traits du sieur Bagueris, greffier du juge-de-paix d'alors ; lui, aussi bien que le sieur Parigot, clerc greffier de la municipalité, poètes grotesques de ces saturnales.

Dans ces occasions, l'église fut souillée par des scandales et des orgies dignes du paganisme; puis elle devint tout à fait déserte, et fut transformée en un magasin de fourrages. Cependant l'erreur ne fut pas de longue durée: les fêtes irréligieuses, si l'on en croit les procès-verbaux de la municipalité, n'eurent lieu que trois fois, et dégoûtèrent promptement la masse de la population. Le deuxième jour complémentaire de l'an 3, le temple chrétien fut rouvert, à la demande de presque tous les habitans, en tête desquels étaient André Maillet, menuisier, et P.-Guillaume Maillet, maçon, qui les premiers en acceptèrent les clefs et la garde. Son état était affreux, ainsi que le constatent les actes dressés pour sa restitution au culte catholique : plus de vestiges des autels, quelques pierres seulement indiquaient les marches de l'autel principal; plus de boiseries sur les murailles, dont la superficie était crevassée et exigeait un crépi complet; les dalles étaient entièrement brisées, les vitraux fracassés, la statue miraculeuse de la sainte Vierge en morceaux. On a conservé le souvenir du malheur dont un sieur Déjouy, perruquier, fut victime. C'était lui qui portait le premier coup de hache à cette statue : un éclat de bois vint le frapper à l'œil, et le lui creva ; un autre éclat sauta sur l'un des compagnons de son impiété, et lui cassa la jambe. Plusieurs témoins oculaires de cette punition providentielle m'ont raconté le fait. Enfin, le clocher seul et sa cloche, ainsi que l'horloge, étaient dans un état satisfaisant. L'église peu à peu se releva de ses ruines.

M. J.-B. Dunepart fournit le premier aux frais les plus urgens. Voici l'éloge que M. Martinaut de Préneuf en traça dans les registres de fabrique : « Ce fut lui qui, de concert avec quel-
« ques personnes bien pensantes, releva l'autel
« renversé, rendit aux fidèles de cette paroisse
« les secours de la religion catholique, lui pro-
« cura un ministre qui, par sa mission légitime,
« remplaça le pasteur fugitif et exilé, ménagea
« aux paroissiens les moyens de se procurer les
« sacremens et les secours de l'Eglise. Ce fut
« lui qui répara les ruines du sanctuaire, inspira
« la confiance aux fidèles, travailla de ses mains
« à donner au culte public sa première splen-
« deur. Associées à ses pensées, sa vertueuse
« épouse et sa digne fille n'ont cessé de con-
« sacrer leur temps à entretenir et à fournir à
« leurs dépens la majeure partie des objets con-

« sacrés au service divin. » Un bon prêtre, qui avait fréquenté la paroisse dans des temps plus heureux, M. Etienne Massié, se soumettant au vague serment d'obéissance aux lois de la république, fut reçu par le conseil municipal, au mois de vendémiaire an 4; il obtint la permission pure et simple de demeurer à Vaugirard : cela suffisait. Les bons fidèles qui allaient chercher les sacremens dans les paroisses voisines, soit à la campagne, soit à Paris, soit même dans les maisons particulières, pourvu qu'ils fussent assurés d'y trouver un prêtre orthodoxe et légitime, comme le prouve un registre d'enquête rédigé par M. Martinaut de Préneuf, et conservé dans les archives de la fabrique, n'eurent plus à s'éloigner de leur domicile. Ce prêtre eut pour successeur, après quelques mois, un ancien religieux de Saint-François, M. Gennet-Bonnet, excellent ecclésiastique, qui administra la cure jusqu'au retour du pasteur légitime. Il mourut universellement regretté en 1805, et son corps repose au cimetière de la paroisse.

Revenu en 1801, M. Martinaut fit aussitôt pour 1800 fr. de dépenses, dont il remit à la fabrique la majeure partie, lorsqu'il fut transféré à la cure de Sceaux. Son zèle stimula celui de plusieurs paroissiens : une multitude d'objets nécessaires au culte furent ou prêtés ou donnés. Les bienfaiteurs principaux étaient, comme on peut le lire dans les registres, M. Dunepart, qui donna le lutrin, quelques tableaux et du linge; M. Poultier, à qui l'on fut redevable de trois lustres, quelques tapisseries, un buffet d'orgue estimé alors 1000 fr., et des tableaux, dont les plus remarquables que nous possédions encore sont ceux de la *Résurrection*, de l'*Annonciation* et de *Sainte-Marguerite*. M. Bazin, beau-père de M. Gautier, député actuel d'Uzerche, donna un ornement rouge complet, et du linge : une table de marbre noir placée dans l'église rappelle sa mémoire et ses bienfaits. M. Huin, dont la veuve est aujourd'hui connue dans Vaugirard par sa bienfaisance si généreuse, fit aux vitraux une réparation que l'on évalua à 600 fr.; enfin, pour la suite et pour des objets de moindre valeur, on peut citer Mmes Bach et Pâques, Mlles Itas, Dupuis et Baron, et MM. Masson, Gallet, Maillet et Moreau. La religion reprit alors ses droits sur le cœur des peuples, et le 2 juin 1804, on put bénir solennellement la croix du clocher, qui pèse quatre-vingt-dix-huit livres.

Pour terminer à peu près sur ce sujet, nous ajouterons quelques notes sur les dépenses plus récentes faites par le conseil de fabrique. Depuis dix ans, 14,000 fr. environ ont été employés à la restauration de l'église, sans y comprendre les frais annuels du service régulier : pour la peinture générale de ce temple, 2600; pour la réparation des sacristies, 500; pour la refonte de l'ancienne cloche, 650; pour la chapelle de la Vierge et sa grille, 550; pour la fermeture du porche et les barrières, 600; pour l'acquisition d'un orgue, 3450; pour la construction d'une tribune, 1500; pour le banc des magistrats, 100; pour la création d'une chapelle à la Chaussée-du-Maine, 900; pour la restauration des dalles et le transport des stalles dans le sanctuaire, afin d'agrandir la place des fidèles, 600; et le reste de la somme indiquée, soit pour l'entretien des autels, du linge, des ornemens et des tentures, soit pour la clôture et l'embellissement de la place publique.

Ainsi, l'église possède aujourd'hui deux cloches : une petite de cent trente-huit livres, achetée par la confrérie de la Sainte-Vierge, bénite et nommée *Gilberte,* le 14 juin 1804; une grosse, pesant mille trois cent quatre-vingt-douze livres, non compris le battant, qui est de quarante-quatre livres, bénite solennellement, le 25 février 1833, par Mgr Guillon, évêque de Maroc, aumônier de S. M. la reine, et nommée *Marie-Lamberte* par M. le comte Artus de la Panouze et Mme Marie Desouches, veuve Huin. Elle possède encore un orgue composé de dix jeux, avec une belle montre résonnante, fait par M. Gadault, et reçu par des artistes distingués, le 17 mai 1834. On y remarque, outre les tableaux dont nous avons parlé, deux anciennes peintures sur bois, dites *chapelles,* et à volets fermans, qui représentent l'adoration des mages; les disciples d'Emmaüs, copie de Lesueur, donnée par le préfet de la Seine; une immense toile, dont le sujet est Notre-Dame des anges, cadeau de M. l'abbé Poiloup; et une statue de saint Jérôme, en albâtre, don de M. Pernot; enfin, quatre lustres très-riches, dont deux plus modernes proviennent d'une main qui a voulu rester inconnue. La boiserie sculptée de l'autel de la sainte Vierge est assez estimée; elle est de la fin du siècle de Louis XV, ainsi que la statue de Marie, tenant son fils dans ses bras, et sculptée dans un seul bloc de bois : les *ex-voto* déposés à ses pieds sont les témoignages de la dévotion de la paroisse envers la très-glorieuse mère de Dieu. Quatorze gravures richement encadrées, et formant un magnifique chemin de la croix, sont dues à la pieuse générosité de M. Joseph Billard; à lui revient la gloire d'avoir introduit dans la paroisse une dévotion bien utile et bien consolante, et qui datera du 19 juin 1840. Il a donné également le tableau de l'Immaculée conception, placé dans l'enceinte de la chapelle de la sainte Vierge.

Malgré ces dépenses et ces dons, l'église est toujours d'un aspect pauvre et désagréable. Dévastée pendant la révolution, elle n'a pu réparer ses ruines; et sauf quelques mesures d'urgence pour la restauration de la toiture et de l'horloge, la commune n'a consacré aucun fonds pour son ornement, son assainissement, son agrandissement. Trop éloignée du centre de la population, elle n'intéresse plus que les âmes pieuses; les autres la regardent comme un monument qu'il faut laisser se dégrader et périr. Cependant, sans église, que deviendront la morale et la religion? Et avec une église trop étroite, trop distante, humide et misérable, quels fruits produiront le zèle et la charité des pasteurs? C'est afin de remédier à quelques-uns de ces obstacles que M. le curé eut l'idée de fonder une chapelle à la Chaussée-du-Maine, dans le quartier le plus reculé de la paroisse, et aussi le plus dénué des secours de la religion. Son projet fut goûté par les membres de la fabrique, toujours disposés à favoriser les œuvres utiles à la gloire de Dieu et au salut des âmes : on loua une maison convenable pour cet usage, et l'on fit les frais nécessaires pour la disposer. A l'aide d'aumônes recueillies chez ses amis, M. le curé parvint à garnir la chapelle d'un mobilier complet, et elle fut dédiée, le 25 juillet 1835, à l'Assomption de la sainte Vierge. Le dimanche d'après le 15 août est devenu, depuis cette époque, pour ce quartier, qui, sous le nom de *village de Plaisance,* augmente considérablement en population, un jour de fête patronale. La religion encore aura favorisé le développement et la prospérité de cette portion de Vaugirard. Depuis cette fondation, les prêtres de la paroisse vont tour à tour, les dimanches et fêtes, célébrer la messe dans cette chapelle, et, pendant la belle saison, chaque semaine faire le catéchisme aux enfans : ils ont ainsi, généreusement et sans rétribution aucune, augmenté leurs fatigues, n'espérant que des consolations spirituelles en dédommagement d'un ministère si pénible.

CHAPITRE V.

Curés de Vaugirard.

Le seigneur patron, usant de sa prérogative, avait présenté à la nomination de l'évêque de Paris, le premier curé qui prit possession en 1346. Depuis cette époque, jusqu'à la révolution, vingt-sept curés se succédèrent; tous se distinguèrent par leurs vertus et leur savoir, tous furent choisis parmi les docteurs de Sorbonne et de Navarre. A ne juger que par le rang qu'ils occupaient dans le clergé et par le titre de docteur dont ils étaient pour la plupart pourvus, on peut croire que Vaugirard jouissait d'une grande considération dans le diocèse.

« En qualité de curé de la banlieue ecclésias-
« tique, le curé de Vaugirard était curé de Paris,
« et faisait partie du synode de Mgr l'arche-

« vêque, où il était appelé selon l'ordre de la
« fondation de la paroisse : il participait aux
« aumônes du roi, et était exempt de la juri-
« diction de l'archi-diacre, ne dépendant d'au-
« cun doyenné. C'était par l'archi-prêtre, celui
« de Saint-Severin, dont il relevait, que les
« mandemens lui étaient adressés pour être
« exécutés et lus, le même jour que dans l'in-
« térieur de la ville. Il se réunissait aux curés
« de la ville, pour la nomination des députés à
« l'assemblée du clergé. » Ces détails, extraits
du manuscrit de M. Martinaut de Préneuf,
m'ont été confirmés par la lecture des différens
pouillés du diocèse, par celle de l'histoire des
paroisses (1722), et par celle d'un manuscrit
de la Bibliothèque royale (1096, sorb.), con-
tenant les procès-verbaux des assemblées des
curés de Paris, parmi lesquels celui de Vaugirard, à cause de son ancienneté en titre curial
peut-être, tenait toujours le troisième rang. Il
paraît encore que, sous M. Tavernier, vers
1624, quelques-uns de ces droits furent contestés à Vaugirard ; car dans une note dont il
fait précéder son registre baptistaire de cette
année (arch. de la mairie), il affecte de con-
signer qu'il est un d'entre les curés des paroisses de Paris, faubourgs et banlieue. Au

reste, plusieurs paroisses jouissaient de ces prérogatives, comme on peut s'en convaincre par la lecture de l'avertissement dont l'abbé Lebeuf fait précéder son troisième volume. Les unes étaient dépendantes de l'archi-prêtré de Paris, les autres de l'archi-prêtré de Saint-Severin, et soit qu'elles fussent dans Paris, soit qu'elles fussent dans la campagne, elles étaient également exemptes de la juridiction de l'archi-diacre et du doyen rural; elles formaient la banlieue ecclésiastique, par analogie avec la banlieue civile, distinguée elle-même des simples communes rurales. Il n'y avait dans la campagne, hors des limites de Paris, qu'une seule paroisse érigée au quatorzième siècle, qui eût été attribuée à l'archi-prêtre de Saint-Severin : c'était celle de Vaugirard, dont l'érection n'avait fait que restreindre un peu vers Paris l'étendue du doyenné de Château-Fort, qui dépendait de l'archi-diacre de Josas.

M. de Préneuf fait remarquer que les prérogatives dont il s'agit, sont d'ailleurs fondées sur la distinction établie par le rituel lui-même, entre les curés du diocèse. Dans l'article qui concerne les synodes, il est question des curés de la ville et des curés suburbains, qui doivent se réunir sous la présidence de l'official, ensuite des curés ruraux, qui s'assemblent sous celle de l'archi-diacre. Le rituel règle après cela le rang que chacun doit occuper au synode général : les chanoines de l'église métropolitaine, les prieurs et les abbés, les chanoines des églises collégiales précèdent les curés urbains et suburbains ; mais ceux-ci sont suivis des curés ruraux et des vicaires de toutes les paroisses. « Lorsque « le roi, continue M. de Préneuf, ordonna les « assemblées qui devaient nommer les députés « aux états-généraux, les curés de Vaugirard, « Montrouge, Conflans, Charonne, La Chapelle, « Montmartre, Clichy, Neuilly, Passy, Auteuil, « Boulogne, qui n'avaient jamais été convoqués « en assemblée avec d'autres curés que ceux de « l'intérieur, le furent avec le clergé rural ; à la « tête de mes confrères, et pour maintenir nos « droits, j'ai fait et lu en pleine assemblée, le « 24 avril 1789, une protestation contre cette « innovation injuste, et je l'ai déposée sur le « bureau en me retirant de l'assemblée, ainsi « que le plus grand nombre de mes con- « frères. »

Ainsi placé dans les rangs des curés suburbains, celui de Vaugirard avait droit aux distinctions des curés urbains eux-mêmes : c'est pour cette raison que M. Lefebure fut trois fois syndic de la faculté, fonction que n'auraient pu remplir, suivant les statuts de la société, les curés dit *vicani;* car bien que docteurs, ils n'auraient pas eu, comme l'exigeaient ses règlemens, leur domicile dans Paris. C'est encore pour cette raison qu'ils refusèrent, à diverses reprises, les prières nominales aux religieux de Saint-Germain, qui prétendaient les y astreindre et les assimiler, par cette exigence, aux curés de campagne. En vain l'abbaye intenta-t-elle un procès au curé, en 1718, et le fit-elle condamner à accorder les droits honorifiques par une sentence qui ne lui donnait que le nom de vicaire perpétuel (Archiv., L. 130); le curé fit casser la sentence par un jugement de l'officialité diocésaine, et fut maintenu dans sa prérogative de n'accorder un tel honneur qu'aux seuls seigneurs patrons. En outre, la paroisse de Vaugirard ne fréquentait dans ses processions extérieures que des églises de Paris, différente en cela des paroisses de campagne, dont les églises étaient l'une pour l'autre un but de station : c'étaient le mardi de Pâques, les incurables; le mardi de la Pentecôte, les dames religieuses de Liesse; le lundi des Rogations, Sainte-Geneviève-du-Mont; le mardi, les dames du Calvaire; le mercredi, les Carmes déchaussés (Arch., S. 3599). Ces usages étaient une confirmation des priviléges de la cure.

Voici les curés sur lesquels j'ai pu découvrir quelques renseignemens. En 1400, Jean Demeville; il était en même temps conseiller au Parlement de Paris. En 1460, le vénérable Jean de Montholon, docteur en droit à l'âge de vingt-deux ans. Il était frère du célèbre garde-des-sceaux de ce nom. On a de lui un traité latin très-estimé sur le droit divin et le double droit humain. Il était en même temps chanoine de Saint-Victor, à Paris, et fut nommé dans sa vieillesse au cardinalat; mais il n'en reçut pas les honneurs, étant mort dans son abbaye, en 1528, avant d'être pourvu de la confirmation de sa dignité. En 1537, Louis Lasocré, prêtre du diocèse de Tours et maître ès-arts, savant du temps, qui mourut avec le double titre de curé de Vaugirard et de curé de Saint-Benoît. En 1547, Alexandre Gouirot, conseiller au Parlement. En 1551, Ives Rivière, petit-fils de Mathieu Chartier, seigneur patron de la paroisse, réputé de sainte vie, dit le registre que nous avons consulté aux archives. En 1583, Nicolas Tavernier, maître ès-arts, qui mourut doyen des curés de Paris, après avoir rempli pendant cinquante ans, à Vaugirard, la charge pastorale; ce fait est confirmé par le préambule du registre baptistaire de 1609, où il écrivait de sa propre main qu'il y avait alors vingt-six ans qu'il avait pris possession, et par le registre de 1633, constatant son convoi, auquel Cyprien Pourschal, curé d'Issy, officia solennellement, et le père Lecœux, Jacobin, prononça l'oraison funèbre. En 1633, Pierre Poussemotte, avocat au Parlement, bailli de Saint-Marcel, dit curé *prêchant,* à cause de son éloquence. En 1639, Pierre Coppin, docteur de la Faculté de Paris, théologal de Blois, conseiller et annaliste du roi. En 1662, Claude Lefebure, qui fut trois fois syndic de la Faculté de Paris, et dont on lit un acte solennel, inscrit aux registres baptistaires de son époque, par lequel lui et ses deux vicaires, en date du 26 juin 1664, anathématisent la doctrine de Jansénius, et souscrivent pleinement aux bulles qui l'ont condamnée. Il fut aussi professeur en théologie en la maison de Navarre : sa chaire fut érigée en chaire de fondation royale, avec 1000 livres tournois de revenu par Louis XIV, le 6 octobre 1683; enfin, en 1788, Gilbert-Jacques Martinaut de Préneuf, prêtre du diocèse de Clermont, docteur en théologie, ancien chanoine et vicaire de Saint-Méry. Ne pouvant prévoir quelles seraient les suites des principes révolutionnaires, il ne lutta pas d'abord contre la tempête, et consentit à devenir membre de la première assemblée municipale, où l'appelaient les vœux unanimes des habitans : il y remplit, pendant quelques mois, les fonctions de procureur fiscal, fonctions à cette première époque toutes pacifiques; apaiser les différends élevés entre les particuliers, réconcilier deux compagnies de gardes nationales. dont l'antipathie était portée jusqu'à la fureur, couronner cette paix jurée de part et d'autre par une grand'-messe et un *Te Deum* d'actions de grâces : tels sont les faits que nous révèlent les archives municipales. En novembre 1791, voyant ses efforts infructueux à repousser des motions incendiaires, il comprit les conséquences malheureuses d'un serment irréfléchi : alors il le révoqua courageusement, et exigea, séance tenante, qu'il en fût dressé acte sur le registre municipal. Dès ce moment, il fut remplacé par un nommé *Pierre Bernard,* envoyé de l'évêque Gobel, et qui, lui-même, céda promptement la place à un certain Gilbert Bourdeaux, lequel se fit gloire d'être l'élu du peuple. Ce dernier, en avril 1793, subit devant les officiers municipaux un jugement déshonorant, où ses mœurs furent gravement compromises. La place n'était plus tenable; aussi se retira-t-il; et l'on apprit par les papiers publics qu'il était venu à la Convention abjurer la foi catholique, et y déposer ses lettres de prêtrise : apostasie qui ne le sauva pas de la mort à laquelle il fut condamné en 94, ainsi que l'indigne évêque de Paris. Ce mauvais prêtre eut pour successeurs Hardy, vicaire de Saint-Sulpice, et Ferdinand Leininger, prêtre styrien; mais ce ne fut pas pour long-temps, car la fermeture des églises arriva trois mois après.

M. de Préneuf était resté pendant quelques mois encore à Vaugirard, d'abord d'une manière ostensible, puis caché dans la maison de M. Dunepart. Le 13 août 1792, une visite domiciliaire fut faite chez ce particulier, accusé de donner asile au curé déchu de sa cure par la rétractation de son serment. On saisit tous les effets meublant cette retraite, et on les confisqua. Voyant qu'il courait journellement risque de la vie, il se réfugia donc à Paris. C'est de là qu'il avait fait déjà imprimer en forme de réclamation, contre les envahissemens des intrus, une instruction pastorale, qu'il était parvenu à répandre dans toute la paroisse. En novembre 91, l'assemblée communale la déférait à la Convention, et accusait en outre son auteur d'être débiteur de fortes sommes envers la commune. Par suite de ces circonstances, M. de Préneuf fut incarcéré aux Prémontrés, et M. Dunepart, qui avait parlé en sa faveur, ne tarda pas à venir partager sa réclusion. Ce dernier, cependant, réclamé par sa famille et par les bons habitans, recouvra sa liberté, et il n'en profita que pour défendre avec courage les intérêts de son ami. A ses sollicitations, et sur sa promesse de payer lui-même les dettes qui seraient reconnues véritables, le conseil de commune demanda l'élargissement de M. de Préneuf : on dit alors qu'on ne l'avait fait mettre en prison que pour le sauver de la fureur du peuple. Ce bon prêtre, échappé à la mort, s'enfuit en Hollande, et résida quelques années à Bruxelles, où il ne cessa de penser à son troupeau, comme le prouvent les notes qui ont facilité notre travail. Il revint en 1801 de son douloureux exil, et se consacra de nouveau au bonheur d'une paroisse qui lui était si chère. Nommé en 1807 à la cure de Sceaux, il n'y demeura que peu d'années, et devint curé de Saint-Leu, à Paris. Il y mourut entouré d'une vénération bien méritée par ses travaux, son savoir et sa grande charité.

Nous finirons ce chapitre par la liste générale

des curés, telle que nous l'avons recueillie aux archives (S. 3599). Les corps de la plupart de ceux qui ont existé avant la révolution reposent, suivant l'ancien usage, dans l'église paroissiale.

Curés	nommé en
1er. Jean Itier,	1346
2e. Pierre Prouet,	1359
3e. Jean Garde,	1370
4e. Jean Demeville, conseiller au Parlement,	1384
5e. Jean Neveu,	1426
6e. Isambert Morel,	1427
7e. Radulphe Mauprouvé, bachelier en droit,	1447
8e. Jean de Montholon, bachelier en droit,	1460
9e. Jean Resart,	1488
10e. Hugues Lepage,	1509
11e. Pierre Lefebure,	1513
12e. Louis Lasocré, maître-ès-arts,	1537
13e. Alexandre Gouirot, conseiller au Parlement,	1547
14e. Ives Rivière, mort en odeur de sainteté,	1551
15e. Guillaume Gaillard, docteur en théologie,	1567
16e. Ponce Manille,	1576
17e. Nicolas Tavernier, maître-ès-arts,	1580
18e. Pierre Poussemotte, avocat au Parlement,	1633
19e. Pierre Coppin, docteur en théologie,	1639
20e. Pierre Regnier, docteur de Sorbonne,	1660

Curés.	nommé en

21e. Charles LEFÉBURE, docteur et professeur de Navarre, 1662
22e Georges GUÉRIN, docteur en théologie, puis Curé de Saint-Martial, 1680
23e. Faron LECLERC, docteur de Sorbonne, ancien doyen de Roye, 1685
24e. Denis HUON, bachelier en droit, 1697
25e. Guillaume-René DELANGLE, docteur de Sorbonne, 1713
26e. Antoine ROUSSELLE, bachelier en théologie, 1747
27e. Gilbert MARTINAUT DE PRÉNEUF, docteur en théologie, 1788

Administrateurs pendant la vacance.

Étienne MASSIÉ et BONNET-GENET, jusqu'en 1801

28e. Jean Pierre DUNEPART, chanoine honoraire d'Angers, 1807
29e. Jean Baptiste LEGRAND, bachelier en théologie, mort chanoine de Clermont et Curé de Tiers, 1816
30e. Pierre COUTURIER, ancien Curé de Rosny, retiré et mort à Orléans, 1817
31e. René DUCOTÉ, retiré et mort à Versailles, 1819
32e. François JACOLET, depuis Curé de Saint-Ambroise, retiré à Coulommiers, 1826
33e. Louis GAUDREAU, ancien Curé de Vanves, chanoine honoraire de Grenoble, 1832

A cette liste, nous joindrons celle des vicaires qui se sont succédés après la révolution, et depuis que la paroisse a, par sa population, acquis des droits aux traitemens de l'État.

En 1817, MM. Marcelot, depuis Curé de la Chapelle.
1825, Bouchy, depuis Curé de Courbevoie.
1826, de Morangiès, depuis Vicaire aux missions étrangères.
1831, Azibert, depuis Curé de Puteaux.
1832, Fraisse, depuis Vicaire de Saint-Roch et de Saint-Germain-des-Prés.
1833, Arnaut, depuis Curé de Roissy en France.
1833, Castellani, docteur en théologie et en médecine, retiré à Saint-Sulpice.
1834, Bonnet, depuis Curé de Colombe.
1835, Desplas, depuis Curé d'Arcueil.
1836, Guérin.
1842, Tharin.

CHAPITRE VI.

Seigneurs et Notables de Vaugirard.

J'ai découvert, dans un ouvrage fait par les soins du collége de Boissy, et renfermant la généalogie des fondateurs ou protecteurs de cette institution, des renseignemens précieux sur la succession des seigneurs de Vaugirard. Il est arrivé que certains fondateurs de ce collége étaient de la famille des seigneurs de ce bourg, et comme l'ouvrage dont il s'agit donne avec un détail très-précis toutes les branches généalogiques des personnages qui ont contribué à l'érection et à l'agrandissement de ce collége, il nous fournit en même temps la descendance exacte des seigneurs qui nous intéressent, depuis le premier jusqu'au dernier. Je dois communication de ce livre, gravé sur acier, à M. de Verceil, marguillier de la paroisse, qui le possède comme un titre de famille, servant à prouver sa filiation remontant à ces mêmes seigneurs. Voici son titre : *Abrégé chronologique de la fondation et histoire du collége de Boissy,* 1724; réimprimé en 1762 par M. Chevillard, principal de ce collége. Là, j'ai trouvé la confirmation et quelquefois la rectification des remarques de l'abbé Lebeuf, relativement à la seigneurie de ce bourg, qui se transmettait le plus souvent par les femmes.

Simon de Bucy, dont nous avons parlé au commencement de cet ouvrage, mourut en 1350. Il fut inhumé, lui, sa femme et son fils, dans le chœur de l'église. Il laissa la seigneurie de Vaugirard à la famille des Chartier, sieurs d'Alainville, tous avocats de grande renommée. Jean Chartier, deuxième du nom, en fut le premier héritier, par suite de son mariage avec une demoiselle de Bucy, qu'il avait dû épouser vers 1330.

De lui naquit Guillaume Chartier, dit *Guillemin,* dont le fils, Simon Chartier, fut père de Michel Chartier, sieur d'Alainville, marié à Catherine Paté. Tous furent successivement seigneurs-patrons. C'est à cette époque qu'il convient de placer une autre branche des Chartier, qui eut part à la seigneurie, autant qu'on peut le croire, d'après des arrangemens de parenté. En effet, le registre que nous avons retrouvé aux archives (S. 3559), fait mention d'un Alain Chartier, célèbre historiographe et secrétaire de Charles VII, qui mourut en 1458, après avoir joui par indivis de la seigneurie attachée à sa famille. On ne sait pas, dit l'auteur de la généalogie que nous avons citée, à quelle branche rattacher ce personnage illustre, qui, selon ce qu'il rapporte lui-même, naquit en 1386, et qui ne laissa pas de postérité. Nous croyons cet auteur peu éclairé en cette circonstance, car l'histoire nous donne Alain pour frère de Guillaume, évêque de Paris, de Jean, qui entra dans l'ordre de Saint-Benoît, et de Mathieu, dit le *coryphée des avocats* de son temps. Guillaume fut un des commissaires nommés pour la révision du procès de la Pucelle d'Orléans, et pour la réhabilitation de sa mémoire, en 1456. Malgré l'humeur vindicative de Louis XI, qui ne pouvait lui pardonner d'avoir accepté la députation vers les princes pendant la guerre du bien public, durant sa vie et après sa mort, il fut entouré d'estime et d'honneurs : comme évêque du diocèse, il dut porter une affection particulière à Vaugirard. Jean fut auteur des *Grandes Chro-*

niques de France, vulgairement appelées *Chroniques de Saint-Denis :* ami de la solitude par goût et par état, il dut fréquenter peu la seigneurie de sa famille. Mathieu fut celui qui augmenta l'église d'un bas-côté, à ses propres frais. Alain fut le plus célèbre des quatre frères. Il était d'une laideur prodigieuse, mais son génie et son éloquence faisaient facilement oublier les torts de la nature envers lui. Marguerite d'Ecosse, première femme du dauphin de France, depuis Louis XI, le vit un jour étendu sur une chaise et sommeillant avec calme. Elle vint doucement, et lui donna un baiser sur les lèvres : comme les courtisans s'étonnaient d'une telle privauté, surtout envers un homme si repoussant : « Ce n'est pas l'homme, dit-elle, que j'ai « embrassé, c'est la bouche qui a prononcé tant « de belles choses. »

Vers 1500, après la mort de Michel Chartier et de sa femme, qui arrivèrent, l'une en 1483, l'autre en 1504, la seigneurie changea passagèrement de famille ; car nous lisons dans l'abbé Lebeuf, qu'à cette époque Guillaume Condurier, chanoine de Paris et de Saint-Thomas-du-Louvre, qui mourut curé d'Issy en 1510, en était possesseur. Probablement ce fut par un accord particulier de famille, car après son décès elle revint aux seigneurs primitifs. De Michel Chartier étaient issus deux enfans : premièrement une fille, Périne, qui épousa Ferry Aleaume, sieur de Sainville; c'est celle dont descend la famille de Verceil : secondement un fils, Simon Chartier, qui devint avocat au Parlement, et épousa Jeanne Jayer. Il eut lui-même un fils appelé *Mathieu,* époux de Jeanne Brinon, qui mourut en 1559. Simon et Mathieu se transmirent la seigneurie. Les enfans de ce dernier s'allièrent à la famille des Montholon, Mathieu en épousant Marie de Montholon, Geneviève en épousant François de Montholon, deuxième du nom; c'est par elle que la seigneurie se fixa dans cette illustre maison. L'abbé Lebeuf remarque donc avec raison qu'en 1564 elle était possédée en société par Mathieu Chartier, mort en 1598, conseiller au Parlement de Paris, seigneur en outre d'Alainville et de Lassy, par Marie Chartier, dame de Coupevray, par François de Montholon, deuxième du nom, avocat au Parlement de Paris, et par Geneviève Chartier, sa femme.

La famille de Montholon se distingua par sa probité et son érudition : elle donna deux gardes-des-sceaux, l'un sous François Ier, l'autre sous Henri III. Le premier plaida en 1522 et

en 1523, au Parlement de Paris, en faveur de Bourbon, connétable de France, contre Louise de Savoie, mère du roi; il se tira avec tant de gloire de cette cause épineuse, que François Ier, qui avait assisté incognito aux débats, le nomma avocat-général, puis garde-des-sceaux. Ses vertus ne le cédaient en rien à sa science et à son éloquence. Le roi lui ayant donné 200,000 fr. provenant de l'impôt dont avaient été frappés les rebelles de La Rochelle, il ne les accepta que pour doter cette ville d'un hôpital. Mort en 1543, il laissa un digne héritier de son sang, François de Montholon, deuxième du nom, qui devint aussi garde-des-sceaux en 1588. Ce fut ce dernier qui réunit, dans sa seule personne, les titres de seigneur et de patron de Vaugirard. Il était un catholique zélé, fort aimé des ligueurs; après la mort de Henri III, il remit les sceaux à Henri IV, de peur que ce roi ne le contraignît de sceller quelqu'édit favorable aux huguenots. Au reste, ce magistrat était l'objet de l'estime générale, à cause de sa justice et de son culte pour la vérité. Aussi lit-on sur son compte un éloge qui vaut tous les panégyriques possibles : « Le Parlement l'estimait
« tant, que la Cour n'avait jamais désiré autres
« assurances de ses plaidoyers que ce qu'il avait

« mis en avant par sa bouche, sans recourir aux
« pièces. » François de Montholon, dont le
frère avait été curé de Vaugirard, eut sept enfans. Parmi les cinq qui ne laissèrent pas de
postérité, se distinguèrent Pierre, qui fut docteur de Sorbonne et principal du collége de
Boissy, et François, qui institua les Pères de
l'Oratoire à Aubervilliers : les deux autres eurent des enfans; et l'aînée, Geneviève, qui
épousa Jacques Lecoigneux, conseiller au Parlement, seigneur de Santricourt, transmit à son
mari la seigneurie du village.

Marie Lecoigneux leur fille se maria à Mathias Mareschal, sieur de Vaudemars, avocat
au Parlement, en 1620, et lui apporta ses droits
seigneuriaux. Nous lisons dans les registres mor-
tuaires (Arch. de la mairie) le décès de Mathias :
il avait quatre-vingt-huit ans lorsqu'il mourut,
en 1645. Il était auteur d'un Traité assez considéré sur le patronage laïque. Après lui vinrent,
en 1640, Denis Mareschal, conseiller à la cour
des aides, époux de Clémence Briconnet; en
1680, Jean-Alexandre Mareschal, trésorier de
France; en 1685, Denis-Jérôme Mareschal,
conseiller du roi au parlement de Metz, qui,
mourant sans postérité, laissa la seigneurie à
dame Françoise, sa sœur. En 1690, celle-ci

épousa Louis Angran, conseiller du roi au parlement de Metz ; et de leur union naquit Louis-Euvert Angran, maître des requêtes, époux de Marie-Eliza Dunoyé. En 1747, ils avaient deux fils, Alexandre Angran, conseiller au Parlement, et Denis-François Angran d'Alleray, procureur-général, par lesquels se termine la liste des seigneurs de Vaugirard.

Ces deux frères, à l'époque de la révolution, occupaient des places plus distinguées encore: l'un était président au Parlement de Paris; l'autre, lieutenant civil de la prévôté et vicomté de Paris. C'est de ce dernier qu'on rapporte un fait admirable. Dans l'hiver de 1787, les gardes avaient arrêté un malheureux qui devait une somme assez considérable ; il était père d'une nombreuse famille, et son unique soutien. La justice ne pouvait soustraire cet infortuné à la condamnation légale ; mais l'humanité du juge allait en adoucir la rigueur. A peine le condamné est-il ramené dans sa prison, qu'il y reçoit la visite de M. d'Alleray : ce magistrat le console, lui fournit l'argent nécessaire au paiement de sa dette, et lui procure ainsi la liberté. Citons encore un trait qui peint la belle âme de ce seigneur ; nous le tenons de l'une de ses filles, ainsi que celui que nous raconterons ensuite. Lors du retour du roi Louis XVI, après son arrestation à Varennes, Lafayette, entouré d'une multitude égarée, s'était écrié : *Tête couverte, et mépris!* M. d'Alleray, en costume de magistrat, était venu à la tête de sa compagnie pour saluer son roi malheureux : il entend ces paroles insultantes ; aussitôt il se découvre, et tombe à genoux devant la majesté que le général voulait voir publiquement avilie. M. Bellart, procureur-général, racontait dans ses dernières années un fait bien propre à faire connaître la bonté et la sagesse dont était doué le lieutenant civil. Jeune alors, Bellart se préparait à plaider sa première cause, et son imagination lui promettait un succès d'éloquence que justifiait bien d'ailleurs son talent distingué. Avant le jugement, il est mandé devant le lieutenant civil, ainsi que les parties intéressées au procès : c'étaient un mari et une femme qui plaidaient en séparation. M. Bellart arrive, donnant le bras à sa cliente ; le mari déjà s'était rendu seul auprès de M. d'Alleray. Le lieutenant civil, aussitôt qu'il l'aperçoit, l'arrête et lui dit : « Avocat, demeurez ici, et attendez que je cause quelques instans avec madame. » Après un court entretien, il fait entrer dans son cabinet M. Bellart, et, lui montrant le mari et la femme qui se donnaient la main : « Avocat, reprit-il, voilà qui vaut mieux que les plus beaux mouvemens d'éloquence ; la paix est rétablie entre ces deux époux. »

La fureur révolutionnaire n'épargna pas cependant cet homme bienfaisant, dernier seigneur de Vaugirard. Accusé pendant la terreur d'avoir envoyé des secours à ses gendres émigrés, il fut traduit devant le tribunal présidé par Fouquier-Tinville, qui, ayant plaidé autrefois devant M. d'Alleray, lui conservait un reste d'estime et des sentimens de bienveillance. Fouquier souhaitait que, par un mensonge, il lui donnât le moyen de l'absoudre, car il n'y avait pas de preuves positives, et il lui en fit communiquer le conseil ; mais d'Alleray ne put consentir à conserver sa vie à ce prix : il avoua tout. « Tu as donc fait passer, lui dit un des jurés, « de l'argent à des étrangers? ne connaissais-tu « pas la loi qui le défend? — J'en connais une « plus sacrée, reprit le vieillard, celle de la na- « ture, qui ordonne aux pères de secourir leurs « enfans. » Cette réponse fut la cause de sa condamnation et de sa mort, qui arriva en 1794.

Au nombre des victimes qui périrent aux massacres des 2 et 3 septembre 1792 à Paris, se lit le nom de M. de Vaugirard. Il figure parmi ceux des Romainvillers, la Chenaye, Fontaine, etc. Ce serait une erreur, à moins que ce titre ne désignât un autre que M. d'Alleray. (*Hist. de la révol.* de Conny, t. 3, p. 395.)

M. Alexandre Angran n'eut pas de postérité; mais Ch.-Denis-François Angran d'Alleray a laissé dans ses enfans et petits-enfans de nobles imitateurs de son courage et de sa vertu : il eut trois filles. La première épousa M. le comte Henri de la Luzerne, qui, de 1787 à 1790, fut ministre de la marine, et dont le frère, cardinal de la Luzerne, est le dernier à qui l'on ait accordé aux Carmes une sépulture d'honneur; la seconde fut mariée à M. de Vibraye; la troisième mourut six mois après son union avec M. le marquis de la Luzerne. Du mariage de la première sont issus quatre enfans, un fils qui se maria avec Mlle de Montmorin, une fille qui mourut marquise de Nieuil, une autre qui s'unit au comte de Vibraye, et une troisième, épouse de M. Florian, comte de Kergorlay, encore existante. Telles sont les familles qui tiennent à Vaugirard au moins par de touchans souvenirs, et dont les ancêtres furent les bienfaiteurs de ce village. Chaque défunt de ces illustres familles est apporté dans le cimetière, auprès des cendres de ses aïeux : déjà reposent sous la même terre les dépouilles mortelles de Marie-Adélaïde

Angran, veuve de la Luzerne; d'Alexandrine Nicole de la Luzerne, femme de Vibraye; de Marie-Louise Angran, veuve de Vibraye; de César-Guillaume, comte de la Luzerne, et d'Anne-Françoise de la Luzerne, marquise de Nieuil.

A ces personnages recommandables, dont la mémoire honore Vaugirard, nous joindrons la nomenclature de ceux que les divers registres nous apprennent y avoir eu des intérêts et y avoir habité en différens temps En 1634, Guillery, peintre ordinaire du roi. — En 1642, J.-B. de Budes, comte de Guébriant, maréchal de France sous Louis XIII, et dont l'hôtel est connu à Paris, rue de Seine, sous le nom de *la reine Marguerite*. — En 1644, Antoine Collot de Beaupré, qui fut tenu sur les fonts de baptême de Saint-Lambert par le célèbre Collot, prêtre du collége de Navarre. — En 1660, les seigneurs d'Armenouville et de Ligny; Vialard, seigneur de Herse-la-Forêt, conseiller du roi, ambassadeur en Suisse, et père du célèbre Vialard, évêque de Châlons; de Maupeou, dont l'hôtel est sis rue de l'Université. — En 1669, Bujaleuf de la Régondie, maître-d'hôtel du roi. — En 1684, Michel Desgranges, conseiller du roi. — En 1715, Gaston de Federbe, envoyé du roi dans les provinces étrangères. — En

1719, Hippolyte de Béthune, qui y épousa Elisabeth Dugrippon, et dont l'hôtel était rue Saint-Guillaume. — En 1734, le comte de Flers. — En 1741, Mathieu Sinburne, seigneur anglais. — En 1760, le marquis de Feuquières et le marquis de Vezannes. — En 1762, Ruggieri, artificier du roi. — En 1769, Emilian-Marie Gauthey, professeur royal, maître de mathématiques des pages, directeur-général des canaux de Bourgogne, constructeur de plusieurs ponts superbes. — En 1769, Nicolas Fragonard, peintre de l'Académie royale, marié dans l'église de Vaugirard à Mlle Gérard; Mlle d'Angeville, actrice renommée, dont les dernières années se passèrent dans l'exercice d'œuvres pieuses et charitables; M. de Soyecourt, dont la nièce fut propriétaire et supérieure du couvent des Carmélites de la rue de Vaugirard, à Paris; Lefebvre de la Boulay, notaire; Dupetit-Rieux, banquier, etc.

Delort remarque qu'il rencontra dans la plaine de Vaugirard l'auteur de *l'Aristenète français*, M. Nogaret. Il aimait à venir rêver dans ces lieux plus solitaires alors, et qui inspiraient sa muse facile. Il y était sans doute attiré par l'amitié d'un oncle qui finit ses jours dans ce village. (Delort, t. 2.)

CHAPITRE VII.

Fondations de bienfaisance.

Nous avons déjà signalé le seigneur de Bucy comme premier bienfaiteur de Vaugirard, et surtout de l'église; nous aurions pu rappeler les noms de beaucoup d'autres bienfaiteurs du village, car il nous aurait été facile de retrouver quelles terres, quelles maisons, quelles fermes constituaient le domaine de la fabrique et de la cure, ainsi que les donateurs de ces propriétés. Mais à quoi bon réveiller ces souvenirs? Nous nous contenterons de parler de certaines fondations de bienfaisance et de charité. Isabelle Masurier avait fait abandon d'une place où l'on avait bâti les deux petites maisons habitées par le vicaire et le chapelain maître-d'école. La première avait été construite avec les générosités des seigneurs; la seconde avec un don de 4000 livres fait par Alexandre Maréchal et Jean Débonnaire. En outre, un bourgeois de Paris, le sieur Jacques, avait légué 1000 livres au chapelain, pour l'instruction gratuite du plain-chant à ses élèves. Les écoles de filles avaient été aussi suffisamment dotées : je trouve dans les archives un legs de 376 livres par la veuve Luçon, un autre de 3750 par la veuve Richart, une rente de 50 livres par le sieur Durost et sa femme, léguée aux institutrices de la paroisse.

Les pauvres, chaque année, étaient soulagés par les nombreuses communautés que nous verrons plus tard fixées dans Vaugirard, et par les familles respectables qui, se cotisant, réunissaient une somme de 100 pistoles, comme le disent les Mémoires. Il y avait encore fondation d'une aumône abondante que l'on distribuait entre douze enfans pauvres, choisis pour la cérémonie de la cène. Outre les familles dont nous avons parlé, celle des Gobau, Montessuy, Blanc-Furnet étaient connues par leur générosité. Toutes ces bonnes œuvres ont été dissipées, il n'en reste plus que le souvenir. Une seule a survécu aux orages révolutionnaires, c'est celle de M. le marquis de Vezannes et de sa femme, dont une table de marbre noir scellée dans l'église perpétue la mémoire. Ils avaient laissés, parmi plusieurs legs pieux, une rente de 300 livres pour les pauvres, une autre de 450 pour habiller quatre petites filles vertueuses, nées à Vaugirard, de parens chrétiens, et admises à la première communion, à la condition qu'elles prieraient pour le repos de leurs âmes, soit avant, soit après leur communion. Ces rentes ont été réduites depuis la révolution, comme toutes celles qui étaient inscrites au grand-livre; mais au moins il en reste quelque chose : 165 francs sont employés chaque année par M. le curé et Messieurs de la fabrique, à la bonne œuvre dont nous venons de parler.

En 1825, Mlle Doubledent a légué à la paroisse 58 francs de rentes, pour être recommandée chaque dimanche aux prières des fidèles. Quelques années auparavant, M. Desrues avait laissé au bureau de bienfaisance une rente de 300 francs, pour fournir chaque hiver des vêtemens de laine à six pauvres choisis parmi les plus vieux indigens de la commune, par les membres du bureau unis à M. le curé. Enfin, M. Ducoté, ancien curé, a légué 400 francs de rente, affectés à donner pendant les cinq mois les plus rigoureux de l'année, chaque semaine, une falourde de 0,75, et deux livres de viande à douze pauvres. Il est stipulé dans son testament que M. le curé participera au choix des douze indigens fait par le bureau de bienfaisance, qu'il sera ensuite chargé de la distribution des cartes, sans préjudice du bon de pain qu'ils recevront le même jour à la mairie.

Je ne connais pas d'autres fondations faites dans Vaugirard.

CHAPITRE VIII.

Faits de l'histoire de France qui intéressent Vaugirard.

Si nous remontons jusqu'au temps de l'ancienne Gaule, il est certain que la plaine qui s'étend depuis Montrouge jusqu'aux bords de la Seine était entièrement déserte. Sous l'empire de César, elle vit périr jusqu'au dernier une armée de Gaulois qui voulaient secouer le joug des Romains. Ces conquérans, maître de Lutèce, étaient si peu affermis dans leur domination, qu'ils ne pouvaient la maintenir dans les environs de cette cité. Labienus, lieutenant de César, s'était posté sur la rive droite de la Seine; les Gaulois avaient établi leur camp dans la plaine, sur la rive gauche. Le Romain, favorisé par les ténèbres et par un violent orage, parvint à traverser le fleuve, et attaqua ses ennemis en tête, pendant que deux autres corps détachés de l'armée les prenaient en flanc, sur deux points différens. Les Gaulois, peu accoutumés à une tactique aussi savante, devinrent victimes de leur inexpérience : le massacre fut horrible ; l'armée en grande partie, ainsi que Camulogène, son chef, restèrent sur le champ de bataille, et Labienus put retourner paisiblement en vainqueur à Agedineum. Plus tard, vers 360, lorsque César Julien avait son palais dans Lutèce, où sont maintenant les ruines des Thermes, rue de la Harpe, les Romains étaient obligés d'entretenir une armée nombreuse, afin de se préserver contre les attaques subites des Gaulois, impatiens du joug que leur imposait le peuple-roi. Le camp était établi derrière la demeure magnifique de César; et le Luxembourg, ainsi que la partie de Vaugirard qui s'en rapproche, en formaient l'étendue.

Ce souvenir historique peut servir à expliquer le fait raconté par Germain Brice (*Descript. de la ville de Paris,* 1706). « A cinq cents pas environ de la barrière de Vaugirard, dit-il, on trouva en 1626 un tombeau antique : c'était une pierre creusée, de sept ou huit pieds de long et de deux pieds à peu près de large. Une autre pierre qui couvrait ce tombeau était ornée d'un bas-relief qui représentait un charriot attelé de quatre bœufs, sur lequel il y avait un tonneau. Le charetier qui le conduisait tenait un fouet en main, et avait sur la tête une espèce de froc, semblable à celui d'un cordelier. On trouva dans ce tombeau quatre ou cinq œufs de terre, et quantité de petits poissons de verre de la grosseur d'un goujon; mais personne ne put découvrir ce que cela pouvait signifier. »

Une charte de 907 nous apprend que Charles-le-Simple résidait quelquefois à Issy, et l'on trouve dans nos établissemens littéraires des ordonnances datées de *villa Isiacum*. A ces époques, Vaugirard dut être le passage fréquent de la cour; et alors, comme par la suite, divers personnages attachés aux rois et aux princes y fixèrent leur demeure, profitant de la proximité des lieux, qui leur permettait d'être près de leurs seigneurs, sans cesser de vaquer à leurs affaires dans Paris.

En 1250, plusieurs habitans de Vaugirard firent assurément partie des glorieuses expéditions appelées *croisades;* car on lit, dans un cahier des archives, que Vanves et Issy furent obligés de fournir un nombre déterminé de soldats au roi, en reconnaissance d'exemptions qui leur avaient été accordées : or, Vaugirard était une dépendance de ce dernier village.

En 1346, Edouard, roi d'Angleterre, envahit la France : portant partout le pillage et l'incendie, il dépeuplait nos provinces ; la Normandie surtout gémissait sous son oppression. Cependant Philippe VI, dit *de Valois*, rassemblait à Saint-Denis une armée ; mais déjà l'Anglais, prompt comme la foudre, s'était jeté sur la Picardie et le pays chartrain. Maître ensuite de Poissy, il s'approchait de la capitale. Une grande bataille était imminente, lorsque tout à coup Edouard fait la levée des tentes anglaises, et quitte les bords de Paris. Désespéré d'avoir laissé échapper sa proie, Philippe se mit à sa poursuite, et envoya offrir la bataille à Edouard, ou dans la plaine de Vaugirard, s'il y voulait venir, ou entre Pontoise et Franconville, s'il voulait s'arrêter et l'attendre. Edouard fit répondre qu'il n'avait pas de conseil à prendre d'un ennemi ; il continua sa route. (Chateaubriant, *Etudes hist.*)

En 1359, le roi Jean II était prisonnier à Londres, depuis la funeste bataille de Poitiers, et Charles-le-Mauvais, roi de Navarre, était maître dans Paris. C'est alors que le dauphin, plus tard Charles V, quitta la capitale et se rendit à Troie, où les Etats de Champagne lui accordèrent des troupes suffisantes pour bloquer Paris. Charles-le-Mauvais, dans cette extrémité, implora le secours d'Edouard III, roi de la Grande-Bretagne. Les troupes anglaises s'avancèrent de nouveau jusque sous les murs de la ville, et s'étant emparés de Vaugirard, le livrèrent au pillage.

En 1560, sous le règne de François II, les calvinistes tinrent à Vaugirard des assemblées secrètes auxquelles assistaient les principaux malcontens, et ce fut là que se décida en partie la conjuration d'Amboise.

Le 31 juillet 1589, Jacques Clément, l'assassin d'Henri III, avant de se rendre auprès de ce prince, qui campait à Saint-Cloud, passa par Vaugirard; un poste des troupes du roi de Navarre, Henri IV, campé à Meudon et aux environs, l'y arrêta. Mais comme il était revêtu de l'habit religieux, et qu'il présentait des lettres de recommandation signées par le premier président de Harlay et par le comte de Brienne, tous deux dévoués au roi légitime, par l'ordre du roi de Navarre lui-même, un sauf-conduit fut donné à Jacques Clément, et le baron de La Guesle le mit même en croupe sur son cheval, depuis Vaugirard jusqu'à Saint-Cloud, où ce misérable consomma son criminel projet.

En 1792, le 10 août, Cléry, valet-de-chambre du roi Louis XVI, passa par Vaugirard, lorsqu'il fuyait Paris, et il y dut la vie à la sagesse d'un magistrat municipal qui savait opposer le plus grand calme à l'effervescence populaire. Voici comme il raconte le fait dans son Journal :

« Conduit par des amis qui m'avaient recueilli au moment où le peuple s'était emparé des Tuileries, je fuyais avec Mme de Rambaut. Dans la plaine de Grenelle nous fûmes rencontrés par des paysans à cheval, qui crièrent de loin, en nous menaçant de leurs armes : *Arrête, ou la mort!* L'un d'eux me prenant pour un garde du roi, me coucha en joue, et allait tirer sur moi, lorsqu'un autre proposa de nous conduire à la municipalité de Vaugirard. *Il y en a déjà une vingtaine,* disait-il, *l'abattis sera plus grand.* Arrivés à la municipalité, ceux qui me servaient de guides furent reconnus ; le maire m'interrogea. « Pourquoi dans le danger de la
« patrie, n'es-tu pas à ton poste? Pourquoi
« quittes-tu Paris? Cela annonce de mauvaises
« intentions. — Oui! oui! cria la populace ; en
« prison les aristocrates! en prison! — C'est
« précisément parce que je voulais me rendre
« à mon poste que vous m'avez rencontré sur la

« route de Versailles, où je demeure, c'est là
« qu'est mon poste, comme c'est ici le vôtre. »
On interrogea aussi Mme de Rambaut. Nos hôtes assurèrent que nous disions la vérité, et l'on nous délivra des passeports. »

En 1794, le 31 août, à sept heures du matin, eut lieu cette catastrophe qui ébranla les quartiers de la capitale, l'explosion de la poudrière de Grenelle. Elle avait été établie dans la plaine depuis quelques années; et là le célèbre Chaptal, par de nouvelles combinaisons chimiques, faisait fabriquer une quantité de poudre presque suffisante pour approvisionner nos armées et nos places de guerre. Tout à coup volent en débris, avec un bruit terrible, tous les ustensiles de cette fabrique, et, par un plus grand malheur, une partie des ouvriers qui s'y trouvaient rassemblés, et dont la plupart appartenaient à Vaugirard. Des membres déchiquetés et noircis tombèrent jusque sur le boulevard Montmartre; plusieurs centaines de personnes périrent dans cette fatale matinée. Vaugirard éprouva une commotion violente dans ses bâtimens, dont plusieurs s'écroulèrent : trois piliers de l'église dévièrent de leur base, et l'on fut obligé de les affermir avec des barres de fer, comme on les voit aujourd'hui. Dans Pari même, une quantité considérable de portes et de croisées se brisèrent : l'épouvante fut générale, et l'on crut dans le premier moment pouvoir attribuer ce funeste évènement à l'imprudence; mais un second fait arrivé quelque temps après, environna ce malheur des plus tristes présomptions. Nous allons en parler; mais qu'il nous soit permis, auparavant, de raconter un trait qui se rapporte à cet épouvantable désastre, et que M. Fréville a consigné dans son ouvrage intitulé : *Beaux exemples de piété filiale*. On nous pardonnera cette digression un peu enfantine en faveur du sujet, qu'on ne peut s'empêcher d'aimer et d'admirer. Voici comment s'exprime M. Fréville :

« Dans ce moment de désolation, un enfant de douze ans était en pension à une lieue de sa mère, qui demeurait à Vaugirard : tout tremblant, sans chapeau et à moitié vêtu, il court tout d'une haleine auprès de ce qu'il a de plus cher au monde. Quelle surprise inopinée! quel bonheur pour ce bon fils! Il s'était figuré sa tendre mère engloutie sous les ruines de la maison bouleversée : le premier objet qu'il rencontre, c'est sa mère elle-même qui lui tend les bras! Il se précipite en pleurant dans son sein; il la serre contre son cœur, il la couvre de baisers, sans pouvoir proférer une seule parole, tant il est saisi de terreur et de joie. L'enfant était bouillant et baigné de sueur. On s'empresse de lui faire prendre quelque chose, afin de prévenir les suites de l'état affreux où il se trouve. Alors, il se souvient qu'il est parti de sa pension sans avertir personne. « Maman, « dit-il, j'ai oublié de demander permission à « mon maître; je désirerais m'en aller à pré- « sent, que je ne suis plus inquiet de vous. » Pressé par sa famille, le sensible et docile élève mange un morceau à la hâte. Il ne prend point le temps de changer de linge, il se dérobe aux caresses maternelles, et, pour concilier tous ses devoirs à la fois, il s'en retourne aussi promptement qu'il est venu. De retour chez son maître, ce cher enfant est saisi d'une fièvre violente : il se met au lit. Hélas! il n'y fit pas un long séjour. Dès la nuit suivante il mourut, également regretté de ses parens, de son instituteur et de ses condisciples. Sujet d'éternelles douleurs! Mère infortunée! que je sens profondément ta perte irréparable! Mais sèche tes larmes, si ton digne fils n'a fait que paraître sur cette terre souillée d'injustices, il a assez vécu pour honorer sa famille, lui-même et Vaugirard. Sa mort est un triomphe; il mérite d'être cité à jamais comme un modèle de sagesse, de docilité et de piété filiale.

Nous revenons au fait que l'on regarda comme conséquence de celui qui précède, à savoir, la *conjuration* dite *de Grenelle*. Le directoire avait vainement tenté de gagner par séduction, par promesses et par des honneurs, les restes du parti jacobin, qui, repoussant les faveurs de ces nouveaux despotes, fit retentir de ses projets de vengeance le club du Panthéon. Ces francs républicains s'étaient bercés de l'idée, on ignore sur quel indice, que le directeur Barras les favorisait secrètement, et qu'aussitôt que les troupes rassemblées au camp de Grenelle auraient commencé un mouvement, ce directeur s'en déclarerait le chef, et réaliserait le changement qu'ils voulaient opérer dans le gouvernement. Les conjurés, au nombre de sept à huit cents, se rassemblent dans les cabarets de Vaugirard, et se portent, le 9 septembre, au camp de Grenelle. Ils franchissent sans obstacle les premiers postes, et se croient déjà sûrs de la victoire, lorsqu'ils se trouvent en face d'officiers disposés, non à fraterniser, mais à sabrer sans pitié aucune. Plusieurs de ces conspirateurs trop confians sont tués à coups de baïonnettes, quelques autres sont arrêtés, plus grand nombre se sauve à la faveur de la nuit. Le lendemain, on trouva dans l'auberge du Soleil d'or, vis-à-vis la rue de la Procession, et qui aujourd'hui est devenue une fabrique de poterie, un dépôt d'armes de toute nature, sabres, poignards, pistolets, cannes à dards, etc.

C'était dans cette même plaine de Grenelle que, depuis le siècle dernier, se faisaient les exécutions militaires. Au commencement du règne de Louis XV, un soldat allait y recevoir la mort, lorsque le roi lui accorda sa grâce par un acte de clémence qui fit bénir l'avènement au trône de ce prince plein de bonté. Vaugirard, au reste, était habitué à ces traits qui font aimer la majesté souveraine. En 1313, un homme de Vaugirard était condamné à mort : une jeune fille, destinée à devenir sa femme, va se jeter aux pieds du roi, obtient sa grâce, et revient triomphante au village : quelques jours après, leur mariage était célébré au milieu de la joie générale. (Arch., L. 130.) L'usage de consacrer la plaine de Grenelle à ces lugubres spectacles, se conserva jusqu'en 1815; jusqu'à cette époque, plusieurs officiers distingués de l'empire y tombèrent sous le plomb mortel : un nommé Ch.-Mar. Sommers, dont on voit la tombe au cimetière, et plusieurs autres personnages, y expièrent leur participation à la conjuration de Mallet contre la puissance de Napoléon.

Charles Huchet, comte de Labédoyère, y subit aussi sa condamnation le 19 août 1815, à l'âge de vingt-neuf ans. Colonel sous l'empire, il avait repris du service sous Louis XVIII. A la nouvelle du débarquement de Bonaparte, il accepte la mission de repousser l'invasion de son ancien bienfaiteur; mais bientôt il fait servir au succès de la cause qu'il avait juré de combattre, un courage digne d'un plus noble sort. Ses affections premières pour le héros contre lequel il allait croiser l'épée, l'aveuglement d'une ambition qui convoitait la lieutenance générale et la pairie, sa grande jeunesse surtout étaient des titres bien puissans à l'indulgence de ses juges : et l'on s'étonnerait, si l'on ne savait quel esprit régnait alors dans les sommités politiques, d'une condamnation si peu conforme à la clémence de nos rois. Cette illustre et regrettable victime ferma la liste de ceux dont le sang coula dans ce lieu.

En 1815, les troupes impériales, concentrées sur la rive droite de la Seine, passèrent sur la rive gauche, et allèrent camper entre Montrouge et Vaugirard, en attendant leur retraite, qui s'effectua au-delà de la Loire. Les Anglo-Prussiens s'emparèrent alors de ces communes, et marquèrent leur séjour par une multitude de vexations dont les habitans furent victimes.

En 1830, la maison occupée par l'institution de M. Poiloup, servit de dépôt provisoire aux militaires de tout grade qui, renonçant à la défense de l'ancien drapeau, demandaient leur retraite, ou se destinaient à reprendre du service sous le drapeau nouveau. Les évènemens de cette époque trouvèrent Vaugirard animé d'un excellent esprit. Quelques jeunes gens, emportés par le feu de l'âge, allèrent combattre à Paris, mais l'ordre le plus parfait régna dans l'intérieur de la commune. L'église fut respectée, les prêtres ne cessèrent pas un seul jour l'exercice même public de leur ministère. Il arriva alors un trait que nous ne devons pas taire pour l'honneur du pays. M. le cardinal prince de Rohan, archevêque de Besançon, redoutant les excès que pouvait faire craindre la révolution, avait fui Paris, et, sous l'impression de la peur, il n'avait pris aucune des mesures que la prudence aurait dû lui conseiller. Il s'était hâté de faire mettre dans sa calèche tout ce qu'il avait de plus précieux : il emportait donc avec lui une somme de 20,000 fr. en or, sa chapelle en vermeil, ses ornemens les plus riches, son argenterie. Il n'avait pas même pensé à quitter sa chaussure rouge et son chapeau à glands d'or; accompagné d'un seul valet-de-chambre, il gagnait Saint-Cloud, en suivant la rive gauche de la Seine. Une calèche armoiriée arrive donc jusqu'au bout de Vaugirard, et là, ne trouvant plus de chemin pavé, voici qu'elle se met à courir à travers champs. On pense bien que cette fuite imprudente, dans un tel moment d'effervescence, dut éveiller les soupçons de ceux qui en furent les témoins. On se précipite, on arrête la voiture; déjà la foule veut en faire l'inventaire, déjà quelques vêtemens sacerdotaux sont répandus au milieu des blés, lorsque des gens plus sages proposent de conduire l'équipage, ainsi que Son Eminence, à la mairie, ce qui fut exécuté. Là Monseigneur trouva des hommes calmes, des magistrats bienveillans. Toutefois, on ne savait comment le faire sortir pour le conduire en un lieu où sa personne et son trésor fussent en sureté. M. Payen, chimiste renommé, demeurant à Grenelle, propose à Son Eminence sa propre maison, après lui avoir, avant tout, procuré des habits qui l'exposeront moins, pendant le trajet, aux regards curieux de la multitude. M. de Rohan accepte;

et pendant deux jours dans cet asile, il reste connu et respecté d'une centaine d'ouvriers qui, par leur conduite pleine de modération et de sagesse, prouvent qu'ils partagent les sentimens honorables du chef de la manufacture.

En 1832, le choléra exerça ses ravages d'une manière terrible sur la population : on y compta près de cinq cents victimes de ce fléau. On a parlé d'un fait affreux qui s'y passa alors, mais on aurait dû ajouter qu'il n'était que la suite, bien malheureuse sans doute, de l'exemple trop multiplié de barbarie qu'avait offert Paris, dans ces jours de désordres et de deuil. Un pauvre écrivain ambulant, injustement accusé d'empoisonnement par la clameur publique, fut impitoyablement arraché des mains d'un commissaire de police, dont le faible caractère ne répondait point aux besoins de cette époque; il fut traîné dans la rue Blomet, et massacré par une foule égarée. On remarqua que les instigateurs de ce crime étaient des femmes étrangères à la commune, et employées aux abattoirs de Paris. Ce fut une chose connue de tous, que deux des personnes qui coopérèrent le plus indignement à ce meurtre, moururent quelques jours après, emportées par le fléau vengeur.

CHAPITRE IX.

Établissemens anciens et nouveaux faits à Vaugirard.

Nous ne parlerons pas dans ce chapitre de la maison de convalescence fondée par les abbés de Saint-Germain pour les religieux de cet ordre; nous l'avons déjà mentionnée : elle était située à l'angle gauche de la rue des Vignes, s'étendant, d'une part, jusques et y compris le passage actuel, dit *Bourbon,* et, de l'autre, par de grands jardins, jusqu'à la maison dite *Duncpart,* près de laquelle était la chapelle de saint Vincent. Mais nous avons bien d'autres établissemens dignes du plus haut intérêt à signaler. La religion les avait inspirés, et eux, à leur tour, répandaient beaucoup de bienfaits dans Vaugirard, qui leur dut à chaque époque une grande partie de sa prospérité.

§. Ier.

Communauté de Laon.

La première communauté qui vint chercher à Vaugirard le bon air et le calme, fut celle de Laon. Elle possédait une maison et des jardins fruitiers, au lieu où se trouve la vaste propriété contiguë à la mairie, appartenant à M. Bonnet. Le collége de Laon, fondé en 1313 par Guy, chanoine de Laon, et Raoul de Presle, avocat au Parlement, était situé à Paris, rue Saint-Hilaire; il fut grandement augmenté en 1339, et transporté ensuite à la montagne Sainte-Geneviève. M. Salmon était directeur de la maison de Vaugirard, peu d'années avant la révolution. Mgr de Frayssinous, M. l'abbé Boyer, un des plus savans directeurs de Saint-Sulpice, sont sortis de cette communauté. Cette propriété semblait offrir plus de convenances que toute autre pour l'établissement de bâtimens communaux. A diverses époques, on avait jeté sur elle des vues, afin de la transformer en mairie, ou en local d'une utilité générale. Ainsi, pendant la révolution, on n'épargna pas les démarches pour l'acquérir : sa position centrale, ses vastes jardins, sa chapelle, tentaient l'assemblée municipale, qui députa quelques-uns des siens à Sceaux, où la vente devait s'en faire, ainsi que le relatent les procès-verbaux du temps (Arch. de la mairie); mais elle fut adjugée à un prix trop élevé, et l'on ne put en devenir propriétaire. Plus heureux que leurs prédécesseurs, les membres du conseil communal actuellement en exercice, ont réussi à acheter la propriété voisine, qui, transformée en une vaste place, sera bientôt entourée des constructions les plus utiles à la commune.

§. II.

Séminaire des Trente-Trois.

Le séminaire de la Sainte-Famille, dit des Trente-Trois, fondé pour un nombre égal de pauvres jeunes gens, en l'honneur des années que Jésus-Christ a passés sur la terre, dut son origine à Claude Bernard, appelé le *pauvre prêtre*, en 1638. C'était cet ecclésiastique si charitable, si détaché des choses terrestres, qui, pressé par le cardinal de Richelieu de lui demander une grâce quelconque, lui répondit ingénûment, après avoir assez long-temps cher-

ché : « Monseigneur, je prie Votre Eminence
« d'ordonner que l'on mette de meilleures
« planches au tombereau dans lequel je con-
« duis les patiens au supplice, afin que la
« crainte de tomber dans la rue ne les empêche
« pas de se recommander à Dieu avec atten-
« tion. » Ce serviteur de Dieu n'est pas moins
connu par sa tendre dévotion envers la sainte
Vierge, en l'honneur de qui il composa, d'après
les sentimens du grand saint Bernard, une
oraison intitulée *Memorare*. Son collége à Paris
était situé hôtel d'Albiac, rue de la Montagne-
Sainte-Geneviève ; sa maison de campagne se
composait de la propriété appartenant aujour-
d'hui à M. Rivière, qui, en 1815, y avait fondé
une raffinerie de sucre, de la propriété de
M. de Pernety, ainsi que de deux plus petites
qui la suivent. La maison actuelle de M. de
Pernety, dont l'entrée forme une demi-lune
renfoncée, en avait été détachée, et fut bâtie
peu de temps avant la révolution.

On a dit qu'au fond des jardins se trouvait
un chemin souterrain qui, passant sous la rue
des Tournelles, communiquait à un vaste clos
converti actuellement en un groupe de petites
maisons et de petits jardins, appelé vulgairement le *quartier des Acacias ;* on s'est trompé.

J'ai acquis la certitude que ce passage avait été pratiqué au fond des jardins de la seigneurie laïque, sise un peu plus bas que les Trente-Trois, mais toujours avant la rue des Vignes. Le 15 juin 1627, une permission fut accordée à Mathieu Mareschal, seigneur du lieu, pour ouvrir derrière sa maison une communication souterraine qui passerait sous la rue des Tournelles (Arch., L. 130). Le clos auquel elle aboutissait ne formait qu'un seul terrain sinueux, planté çà et là de bouquets d'arbres et de vignes, ayant une superbe glacière dont on vient de découvrir les restes près du jardin de M. de Bouillé. Au milieu se trouvait une chapelle gothique que les nouveaux propriétaires n'ont point détruite, mais qu'ils ont convertie en chambre habitable; c'est M. Tassin qui occupe ce lieu.

Ce que la propriété des Trente-Trois renfermait de plus remarquable existe encore : ce sont les jardins appartenant à M. Rivière. Il n'y en a pas de plus grandioses à Vaugirard. Les anciens titres portent qu'ils ont été plantés par Lenôtre. Après un parterre symétriquement dessiné, vient un bois de maronniers dont les troncs sont masqués par des ifs de trente pieds de hauteur, et dont la grosseur accuse cent ans de vieillesse. Au centre des maronniers est une salle ovale, immense, formée par ces arbres séculaires, dont les longues branches retombent depuis la cime jusque sur le sol, la coignée les ayant toujours respectées. C'était dans ce lieu qu'était le jeu de paume fréquenté par l'élite du clergé. Le bois s'élève ensuite en amphithéâtre, puis revient sur la droite en sentiers très-sombres vers la maison, et offre à l'admiration une autre salle de verdure, non moins remarquable dans son genre que la première. On dirait un cirque, dont les banquettes sont une pelouse à double étage, et dont la voûte est un berceau de feuillage, impénétrable aux rayons du soleil. Rien de plus beau que ce lieu disposé par le génie de l'horticulture.

A l'extrémité droite de la propriété, se voit un pavillon qui domine d'une manière pittoresque toutes les campagnes voisines : il était parfaitement propre aux expériences astronomiques. M. de Lalande, dit-on, et M. Chevalier, l'opticien, y sont venus plusieurs fois observer le ciel pendant de belles nuits d'hiver. Deux dames pieuses, propriétaires de la maison voisine, qui, depuis, a appartenu successivement à M. Guillot, le compositeur de l'encre renommée, à Mme Bonnemain et à M. Perret, l'avaient donné à la communauté, à la condition que l'on y prierait pour elles après leur mort. Ce pavillon est connu sous le nom bizarre de la *Maison du diable,* et il le doit à la crédulité du peuple, qui prétendit, depuis la révolution, que des esprits revenaient la nuit dans ce lieu solitaire et y faisaient tapage. La complaisance des nouveaux propriétaires a pu, sans le vouloir, donner prétexte à cette erreur. En effet, ils ont bien voulu souvent recevoir chez eux quelques anciens élèves de cette pieuse communauté, qui demandaient comme une faveur de revoir le séjour de leur jeunesse, et de parcourir les lieux où elle s'était écoulée avec tant de paix. Plusieurs, en retrouvant ce pavillon, l'ont fait retentir par amusement des mêmes sermons qu'ils y apprenaient à déclamer dans des temps plus heureux.

Il reste peu d'élèves de ce séminaire, qui a donné d'excellens sujets, dont les uns ont consommé leur vie dans les missions chez les infidèles, les autres ont utilement travaillé pour l'Eglise de France. Nous citerons M. Legros, ancien curé de Saint-Nicolas, vicaire-général à Paris, avant la révolution, et mort à Saint-Firmin; M. Frasey, actuellement curé de Saint-Nicolas-des-Champs; M. Augé, archidiacre de

Paris; M. Dehansi, prêtre vénérable de Saint-Sulpice; M. de Vins de Versailles, M. Voillot, curé d'une église qu'il a fait construire lui-même près de Londres, en Angleterre.

§. III.

Institut des Filles de la Croix.

En 1640, Mme Marie Lhuillier, femme de Claude Marcel de Villeneuve, maître des requêtes ordinaires de l'hôtel du roi, ayant perdu son mari, vint à Vaugirard, et se fixa dans une maison située presque en face des Trente-Trois, près l'église, qui depuis devint campagne des Petits-Augustins, et aujourd'hui appartient à M. Valette, professeur de la Faculté de Droit. Son dessein était d'y établir une communauté de veuves et de demoiselles pieuses peu fortunées. Cette dame s'appliquait aux bonnes œuvres, et était du nombre de celles qui secondaient saint Vincent-de-Paul dans ses charitables entreprises. Elle avait connu intimement saint François-de-Sales, et vécu longtemps sous sa direction. Cet illustre prélat l'avait engagée souvent à fonder un institut de filles séculières qui s'employassent à l'instruction des personnes de leur sexe. Cédant à une si noble impulsion, elle recueillit d'abord chez elle, à Paris, quatre dame de Roye, en Picardie, qui avaient élevé une maison de ce genre dans cette ville, dès 1625, et que l'invasion des troupes forçait de fuir leur domicile en 1636. Ayant réuni à celles-ci quelques autres filles vertueuses et dévouées, elle vécut dans leur société, s'appliquant aux vertus propres à ses desseins; puis, cédant à plusieurs d'entre elles une maison qu'elle possédait à Brie-Comte-Robert, elle-même se fixa avec les autres à Vaugirard : elle obtint de l'archevêque de Paris une autorisation pour ce double établissement, qui prit le nom de *Filles de la Croix,* à cause des traverses qu'elles eurent à essuyer avant de se constituer. Jalouse de le faire marcher dans les voies de la plus grande perfection, elle voulut les assujettir à faire des vœux : dès ce moment les religieuses se divisèrent. L'abbé Guérin, curé de Roye, qui avait été leur premier directeur, n'approuva pas ce changement, et les sœurs qui demeurèrent à Brie-Comte-Robert, continuèrent à se diriger par ses conseils. Elles formèrent des maisons à Roye, à Rouen, à Barbezieux, et ensuite à Paris, sur la paroisse Saint-Gervais, reconnaissant toujours l'abbé Guérin pour l'auteur de leurs règles. Quant à l'autre branche, protégée par Mme de Villeneuve, elle reconnaissait pour supérieur Louis Abelli, évêque de Rhodez, qui dressa ses réglemens suivant les inspirations de cette pieuse veuve, dont l'âme était encore comme embaumée des avis de saint François-de-Sales, et qui puisait dans ses entretiens avec saint Vincent-de-Paul, une ardeur de plus en plus vive pour les bonnes œuvres.

Ces filles passèrent plusieurs années à Vaugirard, s'appliquant à acquérir les vertus et les talens nécessaires pour la direction des écoles dans les campagnes et les hameaux. Réunissant à cet effet les enfans du village, leur faisant le catéchisme et la classe, soignant aussi les malades, afin de se disposer à devenir plus tard leurs servantes dans les hôpitaux. Mme de Villeneuve acheta pour ses religieuses l'hôtel des Tournelles, rue Saint-Antoine, et la duchesse d'Aiguillon se déclara fondatrice de cette maison, à laquelle elle donna 30,000 livres. L'institut se propagea ensuite à Ruel, à Moulins, à Narbonne, à Saint-Flour, à Limoges, etc., sans compter plusieurs hospices qui leur furent confiés; car toutes ces filles, tant celles qui faisaient des vœux que celles qui restaient libres, s'exerçaient aux œuvres de charité spirituelle et corporelle envers les personnes de leur sexe, et surtout envers les pauvres.

Mme de Villeneuve eut de graves maladies tandis qu'elle habitait Vaugirard, mais elle n'y mourut pas. Ce fut dans sa fondation de Paris qu'elle termina sa vie, et elle fut inhumée, le 16 janvier 1650, dans l'église des religieuses de la Visitation, rue Saint-Antoine; sa sœur, Angélique Lhuillier, qui était fondatrice de ce monastère, lui en avait cédé le titre. Après sa mort, les personnes les plus intéressées à la congrégation des Filles de la Croix, furent d'avis qu'on la supprimât à cause de sa pauvreté; mais saint Vincent-de-Paul empêcha qu'on n'en vînt à cette extrémité. Il engagea Anne Petou, dame de Traversai, veuve d'un conseiller au Parlement, à protéger cet institut. Cette pieuse femme surmonta tous les obstacles qui eussent été capables de décourager un zèle moins ardent; elle soutint les religieuses de la Croix de son crédit et de sa fortune. Ce fut, dit l'abbé Lebeuf, en 1669 que Vaugirard perdit tout-à-fait cette communauté, Mme Hélène de Voluyre de Ruffec du Bois en étant supérieure. (*Vies des fondatrices d'ordres religieux,* par Jubin. — Arch. hist. Visit. de Saint-Ant., 987.)

§ IV.

Séminaire Saint-Sulpice.

Il n'est pas de souvenir plus précieux pour Vaugirard que le sujet que nous allons traiter dans cet article : nous raconterons des faits d'autant plus certains, que nous les puiserons dans la *Vie de M. Olier,* composée par M. l'abbé Fayon, directeur du séminaire Saint-Sulpice, ce savant ecclésiastique ayant daigné, dans le temps, nous communiquer son manuscrit, aujourd'hui livré à la publicité. Nous y retrouverons Mme de Villeneuve donnant tous ses soins au succès d'une œuvre dont les résultats devaient être immenses; car si le séminaire de Saint-Sulpice fut le premier que l'on fonda en France, il fut en même temps et est resté le modèle de tous les autres séminaires qui sont venus plus tard.

Il n'y avait pas eu encore, à proprement parler, d'établissement de ce genre jusqu'à 1640; et les maisons auxquelles on avait donné ce nom n'étaient que des écoles publiques où les jeunes gens destinés aux autels venaient, à jours réglés, suivre des cours scientifiques, vivant d'ailleurs libres dans le monde, et sans autre discipline que celle que leur suggérait leur sagesse personnelle. Nulle surveillance, nul exercice qui préparât directement aux saintes fonctions ; les prêtres de l'Oratoire avaient bien essayé de fonder des maisons ecclésiastiques, mais ils avaient échoué dans leur entreprise. Elles étaient devenues partout colléges séculiers ; les jeunes clercs y étaient mélangés avec ceux que leur vocation appelait dans le monde ; et lorsqu'arrivait l'âge de prendre les saints ordres, on s'y préparait seulement par une retraite de dix jours passés dans quelque monasnastère ou dans quelque communauté ecclésiastique. Celle de Saint-Lazare, fondée par saint Vincent-de-Paul, était la plus renommée pour ce genre d'exercices. Voilà tout ce qu'on avait pu faire de mieux pour l'éducation cléricale, car nous ne parlons pas de certaines sociétés composées de prêtres qui, n'importe à quel diocèse ils appartinssent, réunis volontairement sous la conduite d'un même supérieur, se soumettaient à une règle commune et se consacraient à l'étude, à la prédication, à l'enseignement des lettres humaines, ou à la vie méditative : tels étaient les Pères de l'Oratoire, et la communauté de Saint-Magloire, à Paris, à Luçon, à Mâcon, au

Mans, à Juilly, qui, bien que portant le nom de *séminaires*, n'offraient aux jeunes étudians que les moyens d'acquérir les connaissances littéraires. Celle des Vingt-Quatre jeunes Clercs, fondée par le cardinal de Joyeuse, à Paris, dégénéra promptement en une école de sciences profanes; il en fut de même des communautés de Prêtres de la Mission, de celle de la paroisse Saint-Nicolas-du-Chardonnet, instituée par le père Bourdoise. Delà tant de désordres, qui attiraient au clergé tout entier de si justes reproches.

Jean-Jacques Olier était l'instrument que la Providence avait choisi pour renouveler le sacerdoce dans notre patrie, et c'était de Vaugirard que devait sortir cette société célèbre, pépinière de tant d'ecclésiastiques appelés par leurs vertus et leur science aux plus hautes fonctions de l'Eglise. Ce prêtre distingué, la gloire et l'honneur de notre clergé, selon les termes des procès-verbaux rédigés dans les assemblées du clergé de France : *Eximius ille christi sacerdos, insignis Cleri nostri decus et ornamentum;* cet homme éminent, et dont la sainteté se répandit dans le monde, ainsi qu'un parfum délicieux, comme s'exprimait le grand Bossuet : *Olerius, vir præstantissimus ac sanctitatis odore florens;* M. Olier était second fils de Jacques Olier, maître des requêtes, et de Marie Dolu, dame d'Ivoy, en Berry. Elevé sous les yeux de saint François-de-Sales, béni par ce saint pontife mourant, il fut pourvu, dès 1625, de l'abbaye de Pébrac, au diocèse de Saint-Flour, élu, en 1626, chanoine-comte honoraire de l'illustre chapitre de Saint-Julien-de-Brioude, puis nommé prieur de Clisson et de Bazainville, au diocèse de Chartres. Ce fut sous la conduite de saint Vincent-de-Paul qu'il prit les ordres ecclésiastiques, après avoir terminé ses études en Sorbonne; et son intimité avec ce prêtre, apôtre de la charité, lui inspira le projet de faire des missions, en Auvergne d'abord, lieu où était située son abbaye, ensuite à Clermont, au Puy, à Viviers. Son zèle produisit beaucoup de bien dans ces pays; il ne se signala pas moins à l'occasion des travaux qu'il entreprit pour la réforme de plusieurs abbayes, à Amiens, à Montdidier et dans plusieurs autres villes. Sur ces entrefaites, le cardinal de Richelieu lui offrit la coadjutorie de Châlons-sur-Marne, à laquelle était attachée la dignité de pair de France : il la refusa. Son unique projet était de fonder un séminaire où se formeraient de dignes ecclésiastiques; c'était là sa pensée de tous les jours, le seul but de sa louable ambition.

Le père de Condren contribua beaucoup par ses exhortations à fortifier le dessein de M. Olier. Lui-même, en fondant l'Oratoire, avait eu en vue d'établir une société qui travaillerait exclusivement à l'éducation du clergé; mais il n'avait pu y réussir, et les membres qui la composaient aimèrent mieux, par la suite, laisser sortir le P. Eude que de réaliser le but principal de leur fondateur. M. de Condren engageait donc souvent M. Olier à cesser les missions pour s'appliquer à une œuvre bien plus utile, bien plus nécessaire. L'abbé de Pébrac ne tarda pas à s'adjoindre plusieurs ecclésiastiques recommandables, MM. Picoté, de Foix, Duferrier, Amelotte et autres, et il fonda à Chartres une maison qui ne répondit pas cependant à son attente, et dont l'insuccès fournit long-temps des préventions contre les projets que l'on tenta à Vaugirard.

En 1641, M. Picoté était venu à Vaugirard pour y aider Mme de Villeneuve dans son institut. Cette dame, animée d'un zèle extraordinaire pour la réforme du clergé, priait depuis long-temps notre Seigneur de donner des séminaires à l'Eglise de France. Entendant M. Picoté, dont elle était la pénitente, raconter ce qui se passait à Chartres, tout à coup elle lui dit : « Peut être « la volonté de Dieu est-elle que vous vous éta- « blissiez à Vaugirard. » Surpris d'une telle proposition, M. Picoté la rejeta d'abord; mais sur les instances de cette dame, qui lui repré- sentait la facilité, les avantages, les moyens de réussite qu'offrait ce village ; qui lui assurait que le curé, docteur de Navarre, serait ravi d'un tel établissement, et prêterait volontiers son église aux prêtres associés, il sentit diminuer ses ré- pugnances; et plus encore, lorsqu'elle promit de soutenir avec sa fortune, de nourrir même la communauté naissante, s'il était nécessaire. Mme de Villeneuve, revenant souvent dans ses conversations sur ce sujet, ne cessait de vanter Vaugirard comme le lieu le plus propice à ses desseins : là, on conserverait facilement l'esprit de retraite ; là, on pourrait consulter des per- sonnes de sagesse et de piété pour l'avance- ment de cette œuvre. Elle racontait, d'ailleurs, depuis combien de temps elle priait pour sa réussite, l'attrait qui la portait à en favoriser par tous les moyens possibles l'exécution. Enfin, elle fit tant, que M. Picoté en écrivit à ceux de ses amis qui étaient encore à Chartres, spécia- lement à M. de Foix et à M. Olier.

A l'ouverture de sa lettre, ils prirent cette

proposition pour une pieuse rêverie, persuadés que de s'établir dans un endroit tel que Vaugirard, afin d'y jeter les fondemens de la réforme du clergé français, était un dessein contraire à la raison et au bon sens. Ainsi s'en expliquèrent-ils dans leur réponse. Néanmoins, M. de Foix s'étant retiré à Paris, vint visiter M. Picoté, qui, de vive voix, lui expliqua les idées de Mme de Villeneuve, et il le fit d'une manière plus claire, plus étendue, qu'il n'avait pu le faire par lettres; ces deux messieurs résolurent d'en conférer avec elle. M. de Foix, frappé alors de ses raisonnemens, crut reconnaître dans toute cette affaire des signes manifestes de la volonté de Dieu ; il y donna donc les mains. Sachant que M. Duferrier serait assez porté à suivre son sentiment, il le pria de venir à Paris pour en causer ensemble. M. Amelotte et quelques autres furent de la réunion, où, sans prendre une résolution définitive, on convint seulement de demeurer quelque temps à Vaugirard pour s'y reposer, car les santés de ces messieurs étaient épuisées par les travaux des missions qu'ils venaient de terminer.

On faisait à cette époque les exercices du jubilé dans le village, et l'on y manquait de confesseurs : ce fut pour la petite société une occasion heureuse d'exercer son zèle et de fréquenter davantage Mme de Villeneuve, qui ne laissait pas échapper une seule circonstance sans leur recommander son projet favori. Comme M. Picoté lui objectait que M. Olier ne goûterait jamais ses idées, elle le conjurait de lui en écrire de nouveau, et de lui représenter que c'était le seul moyen de réunir ensemble des ecclésiastiques, tandis que dans Paris il y aurait des obstacles sans nombre. Enfin, pour donner plus d'efficacité à ses sollicitations auprès de M. Picoté, elle employa l'influence qu'avait sur lui M. de Pormorant, digne prêtre dévoué comme elle à l'instruction de la jeunesse, et qui s'efforçait de former des maîtres d'école pour le diocèse de Paris. MM. Picoté, de Foix et Duferrier se rendirent, et résolurent d'écrire avec instance à M. Olier; ce fut le premier qui se chargea de la commission.

Il serait inutile de raconter les nouvelles difficultés que M. Olier trouva à cette entreprise; les exercices de piété auxquels il se livra, afin de bien s'assurer de la volonté divine à cet égard; le changement qui s'opéra dans son esprit pendant une retraite qu'il fit à Notre-Dame-des-Vertus; les soins auxquels il fut à son tour obligé de se vouer, afin de convaincre ses confrères, qui tous s'étaient retirés pour prêcher une mission à Caen, exceptés ses trois amis, que nous avons déjà plusieurs fois nommés; enfin, la ferveur de cet homme respectable, pendant une retraite nouvelle qu'il consacra toute entière à demander les grâces célestes sur son établissement. Pour abréger, disons que tout se trouva disposé à Vaugirard pour recevoir ces messieurs dans les premiers jours de janvier 1642. Ils résolurent tout d'abord de vivre comme en famille, reconnaissant, cependant, dans les commencemens, M. de Foix comme leur supérieur.

La maison qu'ils occupaient avait été louée de préférence à toute autre, parce qu'elle était près de l'église et de l'ancien cimetière, la plus pauvre peut-être et la plus incommode du village; il y a lieu de croire que c'est celle qui porte actuellement le n° 205. Pour y pouvoir loger tous les ecclésiastiques qu'on espérait recevoir, il fallut pratiquer de petites cellules, et celui de tous qui était le mieux partagé, possédait une chambre qui en méritait à peine le nom. Un puissant motif de confiance pour ces ecclésiastiques, au milieu de leur pauvreté, était d'avoir été réunis par la Providence dans un lieu spécialement consacré à la sainte Vierge.

C'est pour cette raison que dans le catalogue des membres du séminaire Saint-Sulpice, conservé aux archives de la communauté, Vaugirard est toujours qualifié du nom de village de la bienheureuse Marie : *Oppidum beatæ Mariæ Vallisgirardi.* Cette circonstance était un grand sujet de joie pour M. Olier, qui venait chaque jour dans l'église se prosterner devant une image miraculeuse de cette patronne de la paroisse, et l'invoquer en faveur de la société naissante, en qualité d'épouse du Père éternel, et conséquemment de dispensatrice de toutes grâces.

La communauté, cependant, n'était dans le principe réellement composée que de trois membres, car M. Picoté, occupé de l'établissement de Mme de Villeneuve, ne pouvait leur prêter grand secours. Quoi qu'en si petit nombre, épuisés qu'ils étaient par les sommes employées aux missions et dépensées en vain pour le séminaire de Chartres, ils ne vivaient que d'aumônes. La pieuse veuve qui les avait attirés près d'elle pourvoyait à leurs besoins. « Elle « nous envoyait, dit M. Olier lui-même, chaque « jour du potage et du bouilli dans un petit « chaudron, et le soir un peu de mouton rôti ; « ainsi, nous passâmes les premiers mois ali-

« mentés par la charité. » La compagnie, néanmoins, augmenta bientôt ; il fallut songer à chercher un emplacement plus convenable. Il y avait près de l'église une grande maison où personne ne logeait ; un grand jardin entouré de murailles y était joint, et se prolongeait jusqu'au cimetière, actuellement converti en place publique. M. Olier sut que celui qui l'avait à loyer n'y venait jamais ; et comme cet homme était de la connaissance de M. de Foix, ce dernier alla lui proposer de substituer à sa place, comme locataire, la société. Loin de se refuser à une telle demande, il les conjura de l'accepter toute meublée, sous la seule réserve qu'on lui permettrait de venir de temps en temps dire son chapelet dans les allées du jardin : de cette sorte l'on put recevoir tous les ecclésiastiques qui se présentaient.

Le propriétaire de cette maison était M. Godefroy de Rochefort, sieur de Souplainville, homme de grande piété, demeurant à Auch. On lui fit la proposition de lui acheter sa propriété ; mais il fit réponse à ces messieurs qu'il n'entrerait jamais dans sa pensée de la leur vendre, qu'il s'estimerait heureux qu'ils voulussent bien l'accepter comme un présent ; qu'il se croirait assez payé si l'on daignait le regarder comme bienfaiteur de leur institut. M. Olier et ses compagnons refusèrent de souscrire à une telle générosité. Après bien des pourparlers, on convint de deux mille écus pour la maison ; mais le propriétaire, en envoyant son consentement, y joignit une métairie, dont les seules dépendances, consistant en terres, prés et vignes, valaient presque cette somme ; car, lors de la construction du séminaire Saint-Sulpice, à Paris, M. Olier les vendit 5ooo liv. Lorsqu'ensuite il s'agit de lui compter l'argent, il refusa de le prendre ; et comme son intention était de leur donner en mourant cette valeur, il les pria de le garder sans rente ni intérêt.

M. Olier et M. de Foix louèrent, en 1643, une autre maison contiguë à celle de M. de Rochefort, qu'ils réunirent à celle-ci pour n'en former qu'une seule. Ces propriétés, où la compagnie de Saint-Sulpice prit naissance, existent encore : les jardins aboutissent à la place de l'Eglise ; et de l'autre extrémité, les bâtimens vont jusqu'à la rue du Collége. La partie qui a pour limites cette rue, presque entièrement occupée par l'entreprise des Parisiennes, vient d'être achetée par M. Poiloup ; celle qui se rapproche plus de l'église était la première maison donnée par M. de Rochefort. On y conserve avec le plus grand respect la chambre de M. Olier, transformée en une petite chapelle domestique. Lorsqu'une fois ce pieux ecclésiastique se fut fixé à Paris, la maison de Vaugirard fut occupée par le petit séminaire Saint-Sulpice; ensuite, depuis 1759, par la communauté des Pauvres-Ecoliers : enfin, elle fut vendue comme bien national à l'époque de la révolution, et démolie en partie par les acquéreurs. Après la révolution, M. Emery, supérieur-général de MM. les Sulpiciens, la racheta; c'était vers 1808, à l'époque où il devint conseiller de l'Université, son traitement lui étant utile pour faire cette acquisition. Sans cesse il disait qu'il fallait économiser pour recouvrer la demeure du saint fondateur; et l'on voyait ce vieillard, courbé sous le poids des études et des années, ce savant que Napoléon admettait dans ses conseils, marcher à pied, le bâton à la main, afin de consacrer à ce dessein la dépense qu'auraient nécessitée un cheval et une cariole. Plus tard, cette maison fut louée au vénérable abbé Jalabert, mort grand-vicaire de Paris; aujourd'hui elle sert de troisième division au collége de M. Poiloup.

Environ six jours après leur arrivée à Vaugirard, nos messieurs reçurent une proposition de la part de M. Copin, curé de la paroisse, qui les flatta beaucoup. Ayant besoin de s'absenter pour affaires, il les pria de le remplacer jusqu'à son retour de Paris, où il croyait n'avoir besoin qu'une quinzaine de jours. Ils acceptèrent, et demeurèrent neuf mois chargés du ministère pastoral. Ils en rendaient grâces à la Providence, qui voulait les faire passer par cet emploi pour les former aux devoirs de curé et de vicaire, et leur donnait le moyen d'exercer les ecclésiastiques qu'ils recevaient journellement. Nous citerons les plus remarquables : c'étaient L. de Pardaillan; de Condren, qui fut ensuite coadjuteur de Sens; Gabriel de Quélus; de Fubières, abbé de Loc-Dieu; Antoine Raguyer de Poussé; d'Hurtevent, mort supérieur du séminaire Saint-Irénée, à Lyon; de Cambiac de Bassancourt, ecclésiastique très-versé dans la connaissance de la sainte Écriture, des rits, des cérémonies et de tous les détails du saint ministère, qu'il avait étudiés surtout en faisant les missions; M. Houmain, fils du lieutenant-criminel d'Orléans, et appelé *M. de Sainte-Marie,* à cause d'un prieuré de ce nom qu'il possédait; M. Amelotte lui-même, autrefois supérieur, supplia la compagnie de le recevoir comme simple confrère; mais il fut refusé, parce qu'on le regardait comme destiné à d'autres bonnes œuvres. En effet, huit ans après, il entra dans la congrégation de l'Oratoire, où il s'efforça de maintenir la foi orthodoxe contre l'invasion des doctrines de Jansénius. S'il n'eut pas le bonheur d'empêcher le mal, il en ralentit du moins les progrès par ses vertus, sa vigilance, sa sévérité tempérée de douceur, et par ses savans écrits. En peu de mois, la communauté compta plus de vingt membres : quelques-uns demeuraient au presbytère pour le service de la paroisse, dont le curé était toujours absent; les autres restaient dans l'ancienne maison de M. de Rochefort, où ils pratiquaient en commun et au son de la cloche, les divers exercices d'une vie régulière. Assurés dès lors de la bénédiction divine sur leur institut, ils songèrent à se donner un supérieur ; M. de Foix se reconnaissant indigne d'en exercer les fonctions, M. Olier fut nommé d'une voix unanime.

Nul doute que Vaugirard n'ait été fréquenté en ce temps par beaucoup de personnages illustres, avec lesquels M. Olier s'était lié d'une manière intime. Saint Vincent-de-Paul ne cessait d'encourager son élève dans le projet si utile qu'il avait conçu ; Dom Grégoire Tarrisse, supérieur-général des bénédictins de Saint-Maur, vénéré de la cour et de la ville, ami de saint Vincent-de-Paul, sous la conduite duquel tant de savans appartenant à l'abbaye Saint-Germain-des-Prés se distinguèrent, dirigeait les consciences des membres de la compagnie; M. Bourdoise vint souvent aussi les visiter, et ce fut lui qui leur inspira un réglement de vie simple, mais exactement conforme aux canons ecclésiastiques : il les échauffa d'un zèle vraiment apostolique; il conserva toujours avec eux une sainte amitié. M. Olier trouva, pour son œuvre principale et pour toutes celles qu'il entreprit par la suite, de solides appuis dans un grand nombre de personnes charitables qui habitaient Paris : la duchesse d'Orléans, la maréchale de la Châtre, la princesse de Condé, la duchesse d'Aiguillon, la duchesse d'Elbeuf, le baron de Renty, et par-dessus tout une femme d'une extraction moins noble, mais douée d'une vertu distinguée : elle s'appelait *Marie de Gournay,* plus connue sous le nom de *Marie Rousseau.*

Cette dame, fille de parens obscurs, fut mariée à l'un des vingt-et-un marchands de vins de Paris. Son époux étant mort, elle résolut de se consacrer uniquement au service de Dieu et des pauvres. Quoique jouissant d'une honnête aisance, elle se retira dans une espèce de retraite qu'elle s'était choisie rue du Gindre. Là, elle vivait pauvrement, ne portant que des habits vieux et communs, ne mangeant que des restes dont on n'aurait pu retirer aucun profit; et cependant elle devint le conseil et la lumière des personnes les plus illustres de Paris par leur naissance, et des âmes les plus élevées par leurs vertus : les princesses elles-mêmes eurent recours à ses avis, recommandèrent à ses prières leurs affaires les plus importantes. M. du Coudray, qu'une noble vocation avait appelé aux œuvres qui avaient pour but les missions du Levant et la défense de l'Eglise contre les Turcs, regardait comme une grâce signalée de converser avec elle et de lui confier ses projets. Son zèle embrassait tout : conversion des infidèles, prédication des villes et des campagnes, fondations d'églises et d'hôpitaux ; aussi mit-elle tous ses soins à attirer à Vaugirard des ecclésiastiques, ceux surtout qui s'étaient livrés autrefois aux fatigues des missions, leur faisant envisager l'institution de M. Olier comme la plus précieuse à la religion qui eût depuis long-temps été entreprise, lui-même comme un homme providentiel et un véritable apôtre. En effet, après l'avoir entendu, tous s'écriaient, pleins d'admiration, que c'était un second M. de Condren, un héritier de ses pensées, surtout de ses hautes perfections.

Ces messieurs évangélisèrent donc le village, qui ne tarda pas à changer de face, cédant à leur zèle et au spectacle qu'offrait leur piété. « Aujourd'hui, troisième dimanche d'août, dit « M. Olier, on célébrait l'anniversaire de la dé- « dicace de l'église de Vaugirard; je faisais diacre « à la messe solennelle. Combien je fus édifié « de la modestie, de la foi de tous les habitans « qui remplissaient le temple de Dieu! Toutes « les femmes du village portaient à l'offrande « des cierges allumés : ils me représentaient la « charité dont le Seigneur animait ces âmes. « Beaucoup de personnes se sont ensuite pré- « sentées pour se confesser; nous n'avons été « libres que vers une heure de l'après-midi. » Dans une autre circonstance, il raconte que, lorsqu'il prêchait, le peuple accourait en foule à l'église. Une veille de l'Incarnation, en 1642, il le fit avec tant d'onction et de succès, que tout le peuple, ému et touché, vint le lendemain pour se confesser et communier. Ses confrères et lui se réunirent, et ne purent achever d'entendre ces bons fidèles que vers deux heures, et l'église ne désemplit pas depuis cinq heures du matin.

Les petits enfans surtout lui étaient chers : ils l'écoutaient avec une avidité toujours plus empressée, attirés par le charme de ses conversations et la bonté qui ressortait de tout son extérieur. De temps en temps il dirigeait ses promenades du côté des écoles, puis il faisait assembler les élèves et les maîtresses, qui les unes et les autres, dit l'historien de sa vie, étaient comme embaumées par la suavité de ses paroles et l'attrait communicatif de ses exhortations. C'était surtout chez Mme de Villeneuve que M. Olier aimait à se livrer à ces douces occupations : il trouvait là des enfans plus attentifs et plus fervens, des filles plus capables de comprendre les consolations que procure la religion.

A l'occasion des prédications de M. Olier, nous rapporterons un trait assez plaisant qui eut lieu, non pas à Issy, comme le suppose Filassiez dans son *Dictionnaire historique d'éducation*, art. PLAISANTERIE, mais bien à la maison de Vaugirard, ainsi que le souvenir s'en est conservé par tradition au séminaire Saint-Sulpice. M. Olier adressait à ses prêtres et à ses élèves une exhortation sur le sujet qu'il estimait être la base de toutes les vertus cléricales : c'était sur la mortification de l'esprit et du cœur. Il empruntait le langage mystique de saint Paul

(Coloss., 3, 9), qui distingue dans le chrétien deux hommes : l'ancien et le nouveau, le premier livré à toutes les erreurs des passions, parce qu'il n'a pas eu recours encore à l'assistance divine; le second, secouru par la grâce, identifié avec Jésus-Christ, nouvel Adam, conçu sans péché, et qui nous communique la sainteté de sa nature : « Faites donc mourir, s'écriait-il, « le vieil homme!... Oui! il faut tuer le vieil « homme! » Mais voici que la jardinière de la maison, curieuse d'entendre prêcher son maître, écoutait à la porte. Hélas! pensa-t-elle lorsque cette phrase vint retentir plusieurs fois à ses oreilles, serait-il donc question de mon pauvre vieux mari? Elle court le chercher; il écoute avec elle, et le hasard veut que le prédicateur répète tout de nouveau le terrible anathème. Le voilà convaincu, non moins que sa femme, que l'on en veut à sa vie. Le sermon terminé, il ne tarde pas à venir trouver le supérieur. « Je « sais, mon père, votre dessein, lui dit-il. Veuillez « seulement me permettre de sortir de la mai- « son, c'est la seule grâce que je vous demande. « — Et quel dessein? reprend M. Olier. — « Vous le savez avant moi, continue le bon « homme; est-il donc nécessaire de vous l'ap- « prendre? Lorsque vous engagez à me tuer,

« vous voulez peut-être mon bonheur, c'est
« possible ; mais vous devriez me consulter au-
« paravant. Après tout, ma vieillesse n'est pas
« un crime, et, puisque mon travail peut encore
« me nourrir, laissez-moi, je vous en prie, pro-
« longer ma vie, jusqu'à ce qu'il plaise à Dieu
« de me la retirer ; lui seul est le maître dans
« cette affaire-là. » M. Olier eut beaucoup de
peine à dissuader ce pauvre vieillard, et à lui
faire comprendre qu'il ne s'agissait pas de lui
dans le sermon, mais bien d'une mort figurée
et d'un homme spirituel.

M. Olier, docte, véhément, élevé avec les
esprits supérieurs, savait se faire petit avec les
ignorans, simple avec les habitans des campagnes, naïf avec les jeunes enfans, et ces qualités réunies lui attirèrent l'estime particulière
du cardinal de Richelieu, qui lui offrit sa maison de Rueil, pour y établir son séminaire. Le
bon prêtre lui en témoigna sa reconnaissance
avec le respect le plus profond ; mais il refusa,
par la raison, disait-il, que sa communauté ne
pourrait pas conserver l'esprit de solitude et de
détachement du monde dans la compagnie
d'un premier ministre, comme elle le faisait à
Vaugirard. Cependant, M. Olier était sur le
point de remplir ses fonctions sur un théâtre

plus vaste et plus éminent; Vaugirard ne devait être que le berceau d'un institut destiné à devenir dans Paris de la plus haute utilité. Avant de quitter cette campagne, M. Olier, cependant, mit fin à une autre œuvre qui faisait présager d'immenses résultats.

C'est en effet de Vaugirard que sortit le projet de la conversion des sauvages du Canada, projet dont le fondateur de Saint-Sulpice fut l'âme et le plus actif protecteur. On convint d'abord d'acquérir en propriété l'île de Montréal, et d'y envoyer ensuite une colonie qui commencerait à défricher le pays jusqu'alors inculte; on y bâtirait une église et quelques habitations. Attirés par la curiosité, les sauvages ne manqueraient pas d'y venir : on les recevrait, au risque d'être massacré par leurs hordes cruelles; on s'efforcerait d'en retenir un certain nombre que l'on civiliserait, soit en leur apprenant à cultiver la terre et à bâtir, soit en leur enseignant le vrai Dieu et sa religion. Puis des prêtres viendraient fonder des séminaires au milieu de ce peuple nouveau, y éleveraient des hôpitaux, où de pieuses filles soigneraient les malades : tel fut le dessein qui eut un succès admirable. Trente familles se mirent en route en 1642, ayant avec elles M. Paul de Chaumedy, sieur de Maisonneuve, pour les diriger, et Mlle Mance de Langres, pour donner des soins aux malades. Arrivés à Québec, ils attendaient le printemps pour passer à Montréal; tandis que M. Olier, de son côté, animait le zèle de l'association qu'il avait fondée parmi des personnes de condition pour faire marcher cette bonne œuvre. Il consacra Montréal à la Sainte-Vierge, d'abord dans l'église de Vaugirard, puis dans celle de Notre-Dame-de-Paris, par une cérémonie vraiment touchante. La compagnie de Montréal, au nombre de trente-cinq prêtres environ, brûlant tous du désir du martyre, avec un nombre égal de seigneurs et de dames, se rendirent dans la métropole du diocèse; chaque prêtre célébra la messe à l'un des autels de la basilique, et tous résolurent de contribuer, chacun selon ses moyens, à la propagation de la foi parmi les idolâtres. Comme on le sait, leurs promesses ne furent pas vaines, et la bénédiction de Dieu se répandit sur ces contrées, qui doivent à M. Olier la connaissance de la vraie religion, le bien être et la prospérité dont elles furent plus tard favorisées.

Nous ne terminerons pas cet article sans raconter comment le séminaire quitta Vaugirard pour aller s'établir à Paris. M. de Fiesque, curé de Saint-Sulpice, pensait depuis long-temps à quitter sa charge, et souhaitait vivement avoir M. Olier pour successeur. Un jour de procession de saint Marc, où Saint-Sulpice venait en pélerinage à Vaugirard, fut une occasion dont il profita pour faire des propositions au vénérable supérieur. Après la cérémonie, il l'entretint sur ce sujet, mais n'éprouva que des refus de sa part et de la part de ses confrères. Il résolut d'attendre une autre occasion qui se présenta bientôt : beaucoup de paroissiens de Saint-Sulpice venaient à Vaugirard habituellement se confesser; ces messieurs craignant de déplaire au pasteur légitime de ces fidèles, pensèrent à demander à M. de Fiesque une approbation. « Que « dites-vous là! répondit le curé de Saint-Sulpice, « ne savez-vous pas combien j'estime votre sa- « gesse et vos talens? Faites mieux encore, je « vous en prie. Prenez ma cure, et ces personnes « n'auront pas à vous aller chercher si loin. Je « désire avoir mille écus de revenu; eh bien! « M. Olier possède le prieuré de Clisson, en « Bretagne, où je suis né : il vaut 1600 liv.; « donnez-le moi, joignez-y une pension de « 1400 liv.; alors vous prendrez mon poste, et « moi j'irai passer mes vieux jours dans la re- « traite : nous serons ainsi d'accord. » Ces propositions furent enfin acceptées ; le général des bénédictins de Saint-Germain-des-Prés donna son approbation, et l'affaire fut terminée le 25 juin 1642.

§ V.

Etablissemens issus du séminaire Saint-Sulpice.

Il n'entre pas dans notre sujet de suivre l'histoire de cet institut, nous n'en rapporterons que ce qui offre quelque intérêt relativement à Vaugirard. M. Olier commença par vivre en communauté avec ses prêtres, et le nombre s'en étant multiplié, il en destina une partie à la direction du séminaire, qui fut d'abord établi rue Guisarde, ensuite rue du Vieux-Colombier, et approuvé par lettres-patentes en 1645; l'autre partie continua à l'aider dans les fonctions du ministère. Quoique partagés pour un office différent, ces ecclésiastiques n'ont jamais formé qu'un seul corps.

En 1677, M. Boucher, docteur de sorbonne, avait fondé dans l'impasse Férou, une maison d'instruction pour de pauvres écoliers appliqués à l'étude de la philosophie et de la théologie ; il engagea, par un vœu consigné dans son testament, messieurs de Saint-Sulpice à se charger de la direction de sa maison, ce qu'ils acceptèrent. Les libéralités dont M. Robert, le nouveau supérieur envoyé de Saint-Sulpice, les combla, leur fit donner le nom de *Robertins.* La maison de M. Olier, sise à Vaugirard, servit de campagne aux élèves de cette communauté pendant très-long-temps.

La réputation du séminaire de Paris s'étendait de jour en jour; aussi les étudians arrivaient en telle abondance, que les bâtimens devenaient trop étroits. On remédia à cet inconvénient, en fondant, autour de la maison primitive, des succursales qui devaient en recevoir le surplus. La première fut celle dite le *Petit séminaire,* qui date de 1686, et fut mise sous l'invocation de saint Joseph. M. l'abbé Brenier en fut le supérieur; elle était établie rue Férou, et réunissait des écoliers de philosophie et de théologie, n'ayant la dénomination de petit séminaire qu'à cause du taux de la pension moins élevé, accessible conséquemment à de plus petites fortunes. Une maison de campagne fut achetée pour lui servir plus spécialement de promenade; elle appartient maintenant, aussi bien que les vastes jardins qui l'environnaient, à M. l'abbé Groult d'Arcy. La seconde succursale fut la maison dite des *Phi-*

losophes, fondée en 1687, pour suppléer à l'insuffisance des bâtimens du petit séminaire, avec lequel elle eut les exercices communs, jusqu'en 1713 ; elle était rue Férou. M. de Cussac, massacré plus tard aux Carmes, fut un de ses supérieurs les plus estimables, et les jeunes gens qui l'habitaient venaient souvent dans la propriété dont M. Groult fut l'acquéreur, y passer les jours de promenade avec les élèves du petit séminaire. On cite à leur occasion un trait digne de faire le pendant de l'histoire du vieux jardinier que nous avons racontée.

Un jour de fête de Saint-Lambert, un prédicateur de Paris fut invité à venir faire le panégyrique du patron de la paroisse. C'était un orateur distingué, avait-on répandu d'avance, aussi y eut-il foule aux pieds de la chaire. Pas un paysan qui n'eût endossé son habit de fête et ne se fût rendu au discours. Selon l'usage du temps, le prédicateur annonce qu'il va parler sur les philosophes, qui avaient alors le triste honneur d'être le point de mire de tous les défenseurs de la religion ; nul sermon où l'on ne s'étudiât à les foudroyer. Le jardinier du séminaire était là. Oh ! se dit-il, les philosophes, je les connais ; voici un sermon qui va m'intéresser. On se retourne à cette exclamation, mais le brave homme reprend sa gravité. Cependant en voici bien d'une autre : les philosophes, dit le prédicateur, sapent la religion toute entière dans ses premières bases, détruisent toute vertu, toute morale ; ils ne rêvent rien moins que la ruine de l'autel, du trône et de la société. Le jardinier, attentif à ces chaleureuses sorties contre la philosophie du dix-huitième siècle, ne revenait pas de son étonnement : *Oh! mon Dieu!* s'exclamait-il à chaque période ; *ô bon Jésus!* A la fin, perdant toute patience, il se lève, et fendant la presse des assistans, il se retire en s'écriant qu'il ne peut entendre ainsi calomnier les jeunes gens de M. de Cussac ; que personne au monde ne pourra lui faire accroire qu'ils sont aussi méchans que cela. Il avait confondu les philosophes de Saint-Sulpice avec les écrivains impies, qu'il était fort heureux du reste de ne pas connaître ; et le prédicateur, fort éloquent, peut-être, avait fait assurément un mauvais discours, puisqu'il était inintelligible à la majorité de ses auditeurs.

En 1694, on avait encore réuni au petit séminaire une communauté établie sous le patronage de Sainte-Anne, vers 1684, rue Princesse. Ces quatre fondations, y compris celle des Robertins, avaient des portes sur le grand séminaire, et, quoique distinctes pour les revenus et le réfectoire, elles n'en faisaient qu'une pour les classes et les exercices spirituels. Vaugirard leur offrait aussi un centre commun pour les promenades ; ce qui justifie de plus en plus ce que nous avons avancé, que des personnages illustres ont souvent fréquenté le village. A ceux que nous avons déjà nommés, il convient d'ajouter le grand Bossuet, qui n'y fut pas moins attiré par la maison de Saint-Sulpice, que par l'amitié dont il honorait M. Lefebure, curé de la paroisse, docteur de Navarre comme lui, et professeur distingué.

En terminant ce qui regarde Saint-Sulpice, nous dirons que cette communauté possédait encore un bien près du Parc de l'Ecole, consistant en maison, verger et jardin d'une grande étendue. Elle l'avait acquis de M. de Monty, vers 1757, mais elle ne s'en servait pas, et elle le louait à la communauté de Lisieux, qui habitait la maison et cultivait une partie des jardins. Ce collége, situé à Paris, à la montagne Sainte-Geneviève, remontait à 1336, et avait pour fondateur Gui de Harcourt et le sieur d'Estouville. La propriété qu'il occupait à Vaugirard est probablement celle même qui est devenue la place de la Mairie.

§ VI.

Théatins.

Les Théatins, appelés à Paris en 1642 par le cardinal Mazarin, et légalement établis en 1653, sur le quai Malaquais, par suite des permissions qu'accorda Henri de Bourbon, abbé de Saint-Germain-des-Prés, et dont ce quartier relevait, voulurent une campagne où ils pussent entretenir facilement des rapports d'amitié avec l'abbaye. Leur choix se fixa sur une propriété de Vaugirard, divisée maintenant entre M. Tourneur, pour la majeure partie, et M. Perret, pour les jardins seulement. C'est là que venaient se reposer de leurs fatigues, le P. Quinquet et le P. Boursault, fils de l'auteur comique de ce nom, tous deux habiles prédicateurs; le P. François Boyer, devenu successivement évêque de Mirepoix, membre de trois académies et aumônier de la dauphine, toujours antagoniste aussi pieux que savant de la philosophie moderne.

§ VII.

Frères des Écoles chrétiennes.

Après ces personnages célèbres, parlerons-nous d'un homme qui ne le fut pas moins par son humilité, et que la Providence destinait à doter notre France d'une pépinière de saints instituteurs, qui ont rendu les services les plus signalés à la société et à la religion. M. l'abbé de La Salle avait conçu le projet de fonder un institut d'hommes voués à la pauvreté, à l'obéissance et à l'éducation des garçons appartenant à la classe la plus humble du peuple. Déjà il en avait établi à Reims, à Rhétel, à Laon et à Guise, mais il cherchait un local pour ses frères malades ou épuisés par les travaux. Il trouva, à l'entrée de Vaugirard, une maison solitaire, en bon air et pauvre; elle avait dès-lors pour lui tous les agrémens désirables. Il est probable que c'est elle que l'on voit à l'angle de la rue Copreaux et de la Grande-Rue, et qui a long-temps conservé le nom de la *Maison des frères,* bien qu'elle soit devenue une hôtellerie assez renommée. Ce fut là que les vertus d'humilité, de mortification, de renoncement, retrouvèrent des hommes dignes de ces temps de ferveur du christianisme naissant, qu'illustrèrent les premiers ordres religieux. M. de La Salle y ouvrit un noviciat, le 8 octobre 1691; mais la famine qui régnait alors le força de retourner à Paris. Peu de temps s'écoula sans qu'on le vît

revenir à Vaugirard, pour y habiter pauvrement, et pour y tracer les règles suivies encore dans son institut. Son noviciat y demeura sept ans, jusqu'à ce qu'il fût transporté rue Sainte-Placide, auprès des Incurables, par les soins de M. de la Chétardie, curé de Saint-Sulpice. Les frères avaient une chapelle particulière; cependant ils venaient à la paroisse aux fêtes de Pâques et de Saint-Lambert, ainsi que dans quelques autres jours solennels. Plusieurs fois M. de La Salle officia à l'église paroissiale, rivalisant de piété avec les directeurs et les élèves de Saint-Sulpice. Spectacle digne d'admiration, de voir dans un village décrié par ses désordres et ses débauches, les personnages les plus recommandables sous le rapport de la sainteté, que Paris possédât dans ce siècle. « Heureux village! s'é-
« crie l'historien de M. de La Salle, qui a été
« sanctifié par la demeure et la présence de
« M. Olier, et ensuite par celles de M. de La
« Salle, qu'on peut appeler son fils, puisque,
« élevé dans sa maison, il était rempli de son es-
« prit! Heureux village! qui a eu l'honneur d'être
« le berceau du célèbre séminaire Saint-Sul-
« pice, pépinière de tant de saints ecclésiasti-
« ques, et celui de l'institut des Frères des éco-
« les chrétiennes et gratuites, qui ont répandu

« tant de lumières en France, quel que soit le ti-
« tre d'*ignorantins* que leur humilité leur a fait
« adopter. » Aujourd'hui nous pouvons ajouter : Heureux village! qui a été témoin des vertus
d'un saint de nos derniers siècles! Car on s'occupe maintenant à Rome de la prochaine ca-
nonisation de M. l'abbé J.-B. de La Salle, déjà
déclaré *vénérable* par un décret du 8 mai 1840,
de Sa Sainteté le pape Grégoire XVI.

§ VIII.

Communauté des Prêtres de la paroisse Saint-Sulpice.

M. Léchassier, troisième supérieur de Saint-
Sulpice, était devenu propriétaire de la maison
attenante à celle de M. Olier; il la vendit en
1696 au séminaire, qui bientôt la céda de nouveau à M. de Tersac, un des successeurs de
M. Olier dans la cure de Saint-Sulpice. Ce fut
lui qui la destina au clergé de sa paroisse; et
ses prêtres y venaient alternativement se reposer des fatigues du saint ministère. Ne trouvant
pas le jardin suffisant, il acheta de l'autre côté
de la route un enclos de dix arpens, situé à mi-
côte, et qui offrait d'admirables points de vue.

Il fit pratiquer en travers de la rue une galerie souterraine qui unit, par une communication facile, les deux propriétés. Il fit creuser un puits, vrai chef-d'œuvre en ce genre, à l'instar de celui de Bicêtre : il a quinze pieds de diamètre, et conserve cette belle largeur jusqu'à la profondeur de quarante pieds environ ; à cette distance on en trouve un autre, moins vaste, dont le fond n'a pu être mesuré. On descend à ce dernier par un escalier en fer, scellé le long des parois du premier ; les degrés, qui décrivent une spirale, conduisent jusqu'à l'ouverture du petit puits, dont la nappe d'eau est si considérable que, dans des années de sécheresse, il a suffi à tout Vaugirard, lorsque les autres puits étaient devenus arides. Cette eau, légère, douce et très-salubre, a toutes les propriétés de l'eau de la Seine, dont elle provient peut-être par infiltration. Déjà une superbe plantation d'arbres était terminée ; des caves immenses, qui devaient servir de fondations à une maison nouvelle, étaient voûtées ; un mur de [clôture en pierre ceignait la propriété, lorsqu'arriva la révolution. Les deux biens furent vendus séparément, après avoir été confisqués au profit de la nation. Dans les premières années de la restauration, M. Dupré, chevalier de Saint-Louis, acheta l'enclos et y construisit, sur une partie des anciennes fondations, une fabrique de blanc de céruse. Tel était l'état de cette propriété, lorsque M. Poiloup l'acheta de M. Dupré, en 1829, pour y placer son collége, comme nous le dirons plus au long.

§ IX.

Hospices de santé Necker et des Enfans malades.

En 1780, le lieutenant de police Lenoir fonda à Vaugirard un hospice de santé dans un vaste enclos, devenu aujourd'hui les propriétés de M. Arthus et de Mme Boissonnade. Ce magistrat, par ses fonctions, était plus à même que tout autre de voir combien d'enfans périssaient, en venant au monde avec un vice de sang qu'ils puisaient dans les maladies cachées de leurs parens. Il conçut l'idée de faire traiter ces innocentes victimes par l'entremise de leur nourrice; les résultats les plus heureux couronnèrent ses essais. Les femmes en couche, les nourrices aussi bien que les enfans y étaient soignés par des médecins instruits. Cet établisment, soumis à un règlement sage et sévère, que Dulaure transcrit au long dans son *Histoire des environs de Paris,* contribua à répandre une certaine aisance dans le village. Il exista jusqu'en 1791, époque à laquelle furent fondés les hospices de la Maternité et de l'Est.

A peu près dans le même temps, avait été fondé l'hospice Necker. En effet, le terrain où il est situé venant à se trouver libre par la suppression d'un couvent de bénédictines qui l'occupait, Louis XVI voulut d'abord le consacrer à une œuvre pieuse : il accorda 42,000 liv. pour l'entretien de cent vingt lits de malades. Mme Necker loua cette propriété, la transforma en hospice, qu'elle se chargea de surveiller et de diriger. Il porta primitivement le nom d'*Hospice des paroisses Saint-Sulpice et du Gros-Caillou;* puis, pendant la révolution, celui d'*Hospice de l'Ouest;* et en 1802, celui d'*Hospice Necker.*

En cette même année, fut également fondé l'hospice de l'Enfant-Jésus, destiné aux enfans malades, par les membres du conseil-général des hospices. La propriété qui fut consacrée à cet objet avait appartenu à M. Languet de Gergy, curé de Saint-Sulpice, qui en 1737 y avait formé un établissement de trente jeunes filles nobles : elles y recevaient la même éducation que l'on donnait dans la maison royale de Saint-Cyr. Cette communauté, dite des *Filles de Saint-*

Sulpice, s'était dissoute pour faire place, en 1779, à l'hospice des Orphelins, qui lui-même, en 1802, devint l'hospice des Enfans malades.

La coïncidence de la fondation de ces deux hospices sur un territoire qui, sans appartenir autrefois à Vaugirard, recevait de lui cependant en de fréquentes circonstances les secours spirituels, eu égard à l'éloignement de la paroisse Saint-Sulpice, avec la translation de l'hospice dit *de Santé* à Paris, a probablement donné origine à ce droit, sinon rigoureux, du moins coutumier, d'envoyer soit à Necker, soit à l'hospice des Enfans, les pauvres malades de Vaugirard : de temps immémorial ils y ont été reçus sans difficulté.

Il y a plus : c'est que, le 26 et le 31 août 1790, les communes réunies de Gentilly, Montrouge et Vaugirard, demandèrent conjointement à l'Assemblée nationale que tous les terrains situés hors des murs de Paris, depuis la Seine jusqu'à la barrière de l'Oursine, en suivant la ligne des boulevards, fussent déclarés appartenir aux municipalités de la banlieue les plus proches. Cette demande était fondée sur l'impossibilité pour les habitans de conserver des rapports avec leur municipalité et leur église respectives. On y déclarait les droits que certaines paroisses s'arrogeaient, hors de Paris, comme opposés aux lois nouvelles, aux besoins et à l'intérêt des populations. Depuis cette époque, tous les terrains en question furent considérés comme relevant de Vaugirard, depuis le bord de l'eau jusqu'au chemin de Vanves, et les deux hospices furent réellement enclavés dans l'enceinte de Vaugirard, telle qu'elle existait avant l'extension des barrières (Arch. municip.). En preuve de ce fait, on peut encore alléguer qu'un arrêté du 3 avril, de la municipalité de Paris, défendait aux paroisses de la ville de sortir de la circonscription légale; aussi un sieur Butet, demeurant dans la ruelle Volontaire, et dont le domicile avait été jusqu'alors considéré comme dépendant de Saint-Etienne, fit-il la demande que son enfant fût baptisé à Saint-Lambert; et le 7 avril 1791, on déclarait son droit incontestable (Arc. munic.).

§ X.

Association paternelle des Chevaliers de Saint-Louis.

Dès la première année de la restauration, des personnes distinguées par leur naissance, et par les hautes dignités qu'elles occupaient à la cour, s'entretinrent du projet de venir au secours des chevaliers de Saint-Louis, dont la révolution avait dissipé le patrimoine et détruit tout l'avenir. M. le baron Hyde de Neuville fut un des plus zélés partisans de ce projet ; mais il eut à lutter contre les vues des amis à qui il s'était associé pour cette belle œuvre. Ils voulaient se contenter de constituer une caisse de secours, où l'on puiserait pour subvenir aux besoins des anciens serviteurs de la monarchie. M. Hyde de Neuville fit prévaloir en 1815 son dessein, qui consistait à donner une éducation solide, chrétienne et relevée, aux enfans des chevaliers, dans des établissemens que l'on fonderait à l'instar de celui qui existait pour les filles des chevaliers de la Légion-d'Honneur. Ce projet fut hautement approuvé par Mgr le prince de Condé, à qui il appartenait de présider aux dons versés sur les veuves et les enfans des braves qui avaient partagé ses périls. Il s'en déclara le bienfaiteur et le soutien : après lui venaient les noms les plus illustres, les de Coigny, de Gontaut-Biron, de Reggio, de Montmorency, de Béthisy, d'Autichamp, etc., etc., en un mot, l'élite de la noblesse. Ils voulurent confier les enfans de leurs frères d'armes à des corporations religieuses; et parmi celles qui méritaient leur estime, ils se fixèrent, pour les demoiselles, aux dames Augustines, établies à Versailles; pour les jeunes gens, aux bénédictins de la congrégation de Saint-Maur. Les hommes savans, la doctrine pure que MM. les religieux bénédictins avaient conservés, leur étaient de sûrs garans des principes et de l'éducation parfaite que ces jeunes enfans recevraient par leur soins.

Cette dernière institution fut d'abord placée à Senlis, où se trouvait une maison qui avait appartenu à la congrégation, et qui, par sa grandeur et ses dispositions, offrait tous les avantages désirables pour un collége. Elle fut gouvernée par un conseil d'administration composé des hauts-dignitaires de l'ordre; et l'œuvre, selon le vœu de M. Hyde de Neuville, prit le nom d'*Association paternelle des Chevaliers de Saint-Louis.* On choisit pour premier supérieur un chef habile autant qu'érudit, dom Marquet, que M. le maréchal de Coigny avait connu en Portugal pendant son émigration : il espérait pouvoir réunir les débris de sa congrégation, dont il était un des membres les plus estimables, et trouver, dans ses savans collaborateurs, tous les genres d'instruction. Cet espoir ne put se réaliser; il mourut vers 1817, ayant eu à peine le temps de poser les bases de son établissement, et eut pour successeur dom Groult d'Arcy, dont la nomination adoucit les regrets que la perte de dom Marquet avait inspirés. Depuis la révolution, dom Groult n'avait pas quitté la carrière de l'enseignement : soit comme professeur, soit comme principal du collége d'Autun, soit comme précepteur du jeune duc Anatole de Montesquiou, il s'était toujours occupé d'études : ce choix était donc très-heureux. Le second supérieur se trouva également dans la nécessité de suppléer au manque d'anciens confrères par des maîtres et des professeurs séculiers, doués de talens et de moralité convenables; aucun sacrifice ne pouvant déterminer les plus habiles de ces maîtres à quitter la capitale, on résolut de former près de Paris un établissement destiné aux élèves des hautes classes, afin de les mettre à même de faire des progrès rapides sous des professeurs du premier mérite, et de les rendre capables de concourir pour les diverses écoles militaires. Ainsi fut fondée la maison de Vaugirard.

En effet, dom Groult acheta l'ancienne maison de campagne des philosophes de Saint-Sulpice, qui, vendue nationalement pendant la révolution, était d'abord devenue une fabrique, puis la campagne du collége Sainte-Barbe-Delanneau. Je me souviens encore qu'étant enfant et élève de ce collége, j'y venais en promenade chaque jeudi. C'était, pour toute la pension, un jour de joie et de plaisir; nous y mangions avec délices le petit pâté apporté du Puits-Certain. Cette campagne revint donc pour ainsi dire, en 1821, à sa première destination de communauté religieuse. Sa position ne laissait rien à désirer, soit pour la salubrité, soit pour les promenades, soit pour la proximité de Paris. Les études y devinrent plus fortes, par la facilité que donnait la capitale de se procurer d'excellens professeurs, et par la surveillance que d'anciens officiers-généraux ou supérieurs de l'artillerie, du génie et de l'état-major, pris dans le sein du comité, exerçaient sur les études et les connaissances relatives à l'art militaire. Un grand nombre d'élèves devinrent de très-brillans sujets, soit à Saint-Cyr, soit aux Ecoles polytechnique et de la marine. Cependant, dom Groult, épuisé par les fatigues, éprouvait, après dix ans de gestion, le besoin du repos; il désirait se décharger du fardeau de la supériorité. L'établissement de Senlis avait, pendant quelque temps, subsisté concurremment avec celui de Vaugirard, mais il avait été abandonné; puis celui de Vaugirard commençait à ne plus avoir un si grand nombre d'élèves : de concert avec M. l'abbé Groult, M. l'abbé Troppé prit les rênes de la maison, et le collége fut transféré à Versailles en octobre 1827, où prospérait la maison qu'on y avait fondée pour les demoiselles.

Dans cette ville, l'Association paternelle, secourue par les dons du roi, aidée par les largesses du prince de Condé et d'autres seigneurs, qui firent face à l'achat d'une maison, au renouvellement du mobilier, à toutes les dépenses nécessitées par la translation, prit une nouvelle vie. Elle subsista jusqu'à la révolution de 1830, qui ruina de fond en comble cette double fondation philantropique.

§ XI.

Œuvre de Saint-Nicolas.

L'établissement de Saint-Nicolas eut pour fondateur, en 1827, M. l'abbé de Bervanger, dont la charité trouva un puissant secours dans le zèle de plusieurs personnages connus par leurs bonnes œuvres dans la capitale : nous citerons seulement MM. Laurency, baron de

Brandois, de Pellieu, Bricon, comte de l'Aigle, comte Victor de Noailles. Caché pour ainsi dire d'abord dans une pauvre maison du faubourg Saint-Marceau, il ne fut transféré à Vaugirard qu'en 1828, et vint occuper la maison située à l'angle de la rue Copreaux et de celle de Vaugirard, où s'éteignait l'œuvre de Saint-Joseph, entreprise par M. Lowembruck, missionnaire de France. L'établissement de M. Lowembruck était tout différent de celui de M. de Bervanger; ces deux ecclésiastiques, après quelques mois d'association, voyant que leurs projets ne pouvaient se fondre en un seul, se séparèrent : le premier alla à Sèvres, puis à Versailles, où sa petite société se dispersa entièrement; le second loua la propriété de M. Groult, pour y installer sa naissante famille. M. de Noailles avait été un des derniers bienfaiteurs que la Providence eût appelé à cette œuvre; mais il devint bientôt le plus zélé et le plus généreux auxiliaire de M. de Bervanger. Une pieuse intimité les unit; ils élargirent la pensée première de cette institution, ils multiplièrent ses élémens de succès, ils en propagèrent la réputation dans la haute société, et s'y cherchèrent des coopérateurs. Leur but principal était de venir au secours des orphelins, de leur inspirer l'amour de la vertu et du travail, et de les préparer, par une bonne instruction, à devenir tout à la fois fidèles chrétiens et ouvriers estimables. C'était alors, en effet, comme c'est encore aujourd'hui, une des plaies les plus déplorables de l'ordre social, de ne pouvoir trouver, pour les enfans destinés aux divers métiers, des maîtres qui voulussent bien joindre à l'apprentissage de leur état quelques études élémentaires, et surtout celle de la religion. M. de Bervanger se proposa de remédier à ce grand mal par l'établissement dont il s'agit; il le mit sous la conduite des frères de Saint-Nicolas, qu'il fit venir de Lyon, et c'est d'eux que l'œuvre a pris son nom. Selon l'esprit de leur ordre, ils se chargent des classes et de la surveillance des enfans, à qui ils montrent la lecture, l'écriture, le calcul; et dans les degrés supérieurs, ils enseignent les élémens de la Grammaire française, la géographie, l'histoire, le chant religieux, le dessin linéaire et la géométrie pratique. Il y a ensuite des ateliers pour les enfans que leurs parens ou leurs protecteurs consentent à laisser plusieurs années pour y terminer un apprentissage : ainsi l'on forme des cordonniers, des tailleurs, des menuisiers, des coloristes, des imprimeurs, etc. Les enfans qui devront gagner leur vie par le travail des mains, trouvent donc dans cette maison l'avantage d'un état lucratif, sans perdre celui d'une instruction religieuse, qui, en formant leur première jeunesse, se perpétuera jusqu'à l'âge où ils entreront dans la vie civile.

Le vertueux comte de Noailles vint d'abord à Vaugirard visiter souvent cet établissement, dont il n'était que simple protecteur, puis il voulut vivre auprès de ces pauvres enfans ; ils lui inspirèrent une telle affection, qu'il leur consacra son temps et une partie de sa fortune. Son exemple engagea un grand nombre de personnes charitables à favoriser cette utile entreprise : moyennant une souscription mensuelle de cinq fr., on fut déclaré *membre de l'œuvre;* quatre souscripteurs réunis furent pères adoptifs d'un jeune enfant, et la maison ne tarda pas à recevoir jusqu'à cent élèves. Il était beau de voir cet homme qui avait renoncé à toutes les grandeurs de sa famille et à tous les plaisirs de son rang, suivre les simples travaux de ces petits ouvriers, leur faire le catéchisme, les encourager par ses petits présens et ses bienveillantes exhortations, enfin se faire pauvre avec les pauvres. Son œuvre, car elle était devenue la sienne par les effets d'une noble générosité qui le porta à consacrer à son succès d'abord

5000 fr. par an, ensuite 10,000, éprouva quelques difficultés en 1834, et il se vit obligé de la transférer dans un autre local, d'accord avec M. de Bervanger. On le regretta beaucoup à Vaugirard, où il laissait tant de souvenirs d'une piété douce, affable, bienfaisante. L'œuvre fut donc établie à Paris, rue de Vaugirard, n° 98, où elle est encore. Elle prit dans cette nouvelle demeure un plus grand accroissement; la maison fut achetée, une très-belle chapelle fut construite, et avec elle les bâtimens furent augmentés, au point que l'on put y recevoir trois cents élèves. Les réglemens furent revus et perfectionnés, les moyens proposés à la charité chrétienne pour l'entretien des enfans, rendus plus faciles aux souscripteurs, et par conséquent plus fructueux. C'est alors que la maison perdit son père et son admirable modèle : M. de Noailles mourut en juillet 1837. Il était réservé à M. de Bervanger, premier fondateur de l'établissement, de le conduire à la perfection où on le voit aujourd'hui.

§ XII.

Collége de M. l'abbé Poiloup.

Lorsque nous avons parlé de l'institut de

M. Olier, et lorsque nous avons terminé ce qui concernait la communauté des prêtres de la paroisse Saint-Sulpice, nous avons dit ce que devinrent les propriétés qui leur servaient d'habitation ; la dernière fut achetée par M. Poiloup, qui prit l'autre seulement en location. Nous ne reviendrons pas sur la description que nous en avons faite, nous nous contenterons de signaler les changemens qu'elles ont dû subir, afin de devenir propres à leur destination, après avoir donné toutefois quelques détails sur les commencemens de ce bel établissement.

Ce fut en 1829 que M. Poiloup acheta de M. Dupré, pour établir et augmenter son collége, la vaste propriété sise à gauche dans la grande rue de Vaugirard, jugeant que son étendue, son agréable position, son air pur, ses belles plantations et son voisinage de Paris, la rendaient fort convenable à une maison d'éducation. Il fit disposer les bâtimens d'une manière utile à ses projets, et y plaça de très-jeunes enfans sous la conduite de M. l'abbé Georget, son respectable et savant collègue, conservant toujours à Paris, rue du Regard, la majeure partie de l'institution dont il était chef depuis de longues années. Vint le choléra en 1831, qui décima les populations, et porta surtout ses ravages dans certaines maisons d'éducation. Parmi les élèves de l'institution de M. Poiloup, aucun ne fut atteint à Vaugirard ; mais un de ceux qui habitaient Paris en ayant été victime, les autres se dispersèrent, cherchant dans le sein de leurs familles un abri contre le fléau qui semblait plus terrible dans la capitale que partout ailleurs. M. Poiloup, échappé comme par miracle à cette maladie impitoyable, résolut, pour témoigner à Dieu sa vive reconnaissance, de se consacrer plus que jamais à l'éducation de la jeunesse, et d'étendre le bienfait d'une instruction solide et chrétienne à un plus grand nombre d'enfans qu'il ne l'avait fait jusqu'alors. Déjà les élèves qui n'avaient pas fui loin de Paris avaient été placés à Vaugirard, comme dans un séjour exempt de la contagion générale; et le local étant devenu promptement trop étroit, l'ancienne propriété de M. Olier, si précieuse par ses souvenirs, et qui appartient encore aux messieurs de Saint-Sulpice, avait été louée. Mais ces bâtimens ne suffisaient pas à l'institution, vers laquelle affluait un nombre considérable de familles distinguées. M. Poiloup fit donc faire en 1834 d'immenses constructions, pour réunir aux classes élémentaires les humanités et la philosophie ; et aussitôt qu'elles purent être habitées, il renonça d'une manière complète et définitive aux bâtimens qu'il avait conservés quelque temps rue du Regard. En 1838, il acquit, pour ajouter à sa propriété, celle dont elle avait été elle-même autrefois une dépendance, à savoir la propriété primitive des prêtres de la paroisse Saint-Sulpice, attenant à celle de M. Olier. Cet agrandissement était d'autant plus heureux, qu'une galerie souterraine long-temps supprimée, mais que M. Poiloup fit aussitôt restaurer, établit une communication intérieure et facile entre cette propriété et les deux corps de maison que la pension occupait auparavant.

Vaugirard, qui n'avait ni collége communal ni institution de plein exercice, apprit avec joie les desseins de M. Poiloup, et, à mesure qu'ils se réalisaient, comprit les avantages qu'il devait recueillir. Ce collége commença par fournir de grands travaux aux divers entrepreneurs de cette commune; plus tard il devait y attirer un nombre notable d'habitans fortunés, soit qu'ils y fixassent leur demeure pour être plus près de leurs enfans, soit qu'ils y vinssent seulement d'une manière transitoire pour les visiter. Nul doute, en outre, qu'il ne fît avec le temps connaître avantageusement ce lieu resté jusqu'alors si ignoré, l'attention générale étant excitée par le rang qu'occuperait dans le monde universitaire un établissement d'une si remarquable importance.

On peut, en effet, sans crainte d'être démenti, assurer qu'il n'y a pas, soit à Paris, soit aux environs, une seule institution privée ou publique, qui présente les mêmes avantages de spécialité qu'offre celle dont nous parlons. Salles d'études ou de classes, cours de récréation pour l'été ou pour l'hiver, cuisines et réfectoires, dortoirs, infirmeries, gymnase, vaste académie pour les exercices littéraires, jardin botanique, manège, cabinet de physique, bibliothèques, chambres pour le nombreux personnel nécessaire à l'instruction ou au service des enfans; tout est calculé, tout est coordonné avec un soin, un ensemble, une prévoyance, une noblesse d'idée et d'exécution tels, qu'une longue expérience de l'éducation unie aux inspirations de la religion pouvaient seules concevoir et mener à sa fin un si beau plan. C'est surtout la chapelle qu'il faut visiter; son style pur élève l'âme par sa grave et riche simplicité, et fait honneur à M. Lemarié, architecte distingué, qui, au reste, a présidé à la construction de tous les bâtimens. Derrière l'autel, se déploie une vaste peinture exécutée par Fragonard, dont le père, comme nous l'avons dit ailleurs, se maria dans l'église de Vaugirard en 1769. C'est une sorte de fresque qui représente la très-sainte Vierge dans le ciel, au milieu des neufs chœurs des anges. Dans toute la longueur de l'édifice, de belles boiseries se lient aux banquettes élégamment travaillées, où chaque élève, comme chaque professeur, occupe une place accoutumée ; le milieu est pavé de marbres variés par leur couleur et leurs desseins ; au fond, à l'opposé du sanctuaire, s'élèvent deux tribunes superposées : la première est destinée aux jeunes élèves, dont les voies suaves et angéliques sont formées par des maîtres célèbres, et exécutent les différentes parties de l'office divin ; un orgue très-remarquable par sa facture et ses ornemens les accompagne : la seconde tribune est réservée aux parens ou aux employés divers de l'établissement.

En 1839, M. Georget ayant fait un voyage à Rome, reçut de S. S. Grégoire XVI, comme gage de l'estime qu'elle accordait à l'institution de Vaugirard, un cadeau inappréciable : c'était le corps, nouvellement découvert dans les catacombes, d'un jeune martyr, âgé de seize ans environ, bien propre, à cause de sa jeunesse même, disait le souverain pontife, à devenir le patron des élèves pieux de ce collége. Tous les ossemens parfaitement conservés furent rapprochés et symétriquement enchâssés dans un corps de cire, que M. l'abbé Georget fit habiller en chevalier romain; près de lui fut déposée la fiole pleine de sang que l'on avait trouvée dans son tombeau, et qui était le témoignage certain de sa mort pour la cause de la foi, suivant l'usage observé pendant les persécutions de l'Église naissante. Sur la châsse de bois doré et richement sculpté qui renferme ce trésor, fut encadrée la pierre tumulaire extraite des catacombes, et où est inscrit le nom de ce jeune héros du christianisme : *Sosinus in pace* X[i]. Les formalités ayant été remplies pour la reconnaissance des actes qui affirment l'authenticité de ces précieuses reliques, par Mgr de Quélen, archevêque de Paris, on exposa solennellement dans la chapelle le corps de saint Sosin, et l'on choisit le jour octave de la Toussaint pour être à perpétuité celui dans lequel on honorerait le protecteur de la jeunesse, désigné par le père commun des fidèles.

Ce collége se distingue par la piété chrétienne, la force des études, la bonne tenue, la régularité qui y règnent, et par l'aimable union qui fait des maîtres et des élèves une véritable famille. Trois cent-cinquante enfans y sont partagés en trois divisions distinctes : la première, composée des plus jeunes, de six à huit ans, lesquels demandent des soins plus maternels, pour ainsi parler, et un régime plus indulgent ; la seconde, comprenant les basses classes, depuis la huitième jusqu'à la quatrième ; enfin la dernière, qui contient les classes supérieures, jusques et y compris la philosophie et les études spéciales préparatoires aux écoles. On n'y reçoit que ceux dont les mœurs sont douces et pures, et qui, n'ayant jamais quitté leurs parens, ont acquis dans une première éducation parfaitement religieuse, le goût et l'habitude des pratiques de la foi catholique. Pour assurer l'exécution de cette règle invariable que s'est imposée le fondateur, les élèves ne sont admis qu'à l'épreuve, et la certitude de leurs bonnes dispositions étant acquise par une expérience suffisante, on les reçoit définitivement. Sont-ils reconnus non seulement vicieux, mais même peu susceptibles d'être conduits par la douceur et la persuasion, nuisibles à l'excellent esprit de la maison par un ton mauvais de critique et d'insubordination, par une paresse invétérée, une dissimulation incorrigible ou l'habitude de manquer au réglement, aussitôt on les rend à leur famille.

C'est ainsi que M. l'abbé Poiloup, employant noblement d'énormes dépenses dans l'intérêt de la santé, de la circulation libre et distincte des élèves de toutes classes, de leur surveillance exacte et facile, dans l'intérêt de leurs jeux mêmes et de leurs plaisirs, établissant surtout des réglemens sages, basés sur la morale la plus pure et la religion la plus éclairée, a fait de son collége une maison type et modèle, où les familles de la plus haute distinction placent annuellement l'élite de la jeunesse française.

§ XIII.

Séminaire des missions de l'Océanie orientale.

M. l'abbé Coudrin, vénérable ecclésiastique connu par ses bonnes œuvres, spécialement dans Paris, où il a fondé la société de Picpus, eut la première pensée de cette institution; Mgr Bonnamie, archevêque de Calcédoine, la réalisa. On nous saura gré, sans doute, d'entrer dans quelques détails sur ce séminaire, comme nous l'avons fait pour le séminaire de Saint-Sulpice, M. Coudrin ayant jeté les fondemens d'une société dont la réputation, dans un avenir prochain, n'aura pas moins d'éclat que la société qui reconnaît M. Olier pour son premier chef. Nous les tracerons avec d'autant plus de bonheur, que nous nous faisons gloire d'avoir été élevé, instruit, formé à notre vocation par le digne fondateur de Picpus, et que ces lignes seront un témoignage de notre respect et de notre reconnaissance.

M. Pierre-Joseph Coudrin naquit à Coussay-les-Bois, près de Châtellerault, dans le Poitou, le 1er mars 1768, d'une famille estimable par ses vertus civiles et son amour pour la religion. Élevé par son oncle maternel, l'abbé Rion, qui depuis mourut sur les vaisseaux, déporté pour la foi, dirigé par l'abbé Fournet, respectable fondateur des sœurs Saint-André, M. Coudrin sut profiter dès sa jeunesse des exemples parfaits qui l'entouraient; il entra au séminaire de Poitiers peu d'années avant la révolution, et déjà les troubles commençaient lorsqu'il reçut le sous-diaconat : il était diacre quand la persécution suscitée contre les prêtres catholiques obligea les élèves du séminaire à se disperser. L'abbé Coudrin ayant appris que M. de Bonal, évêque de Clermont, était encore à Paris, s'y rendit au mois de mars 1792, et fut ordonné prêtre dans la bibliothèque des Irlandais. Revêtu du sacerdoce, M. Coudrin revint à Coussay-les-Bois; mais bientôt la terreur, déployant ses violences, l'obligea de quitter sa famille et d'aller chercher ailleurs un asile plus sûr. Pendant six ans, il se livra avec un zèle qui souvent mit sa vie en danger, aux exercices de son ministère dans le diocèse de Poitiers, et même dans celui de Tours. Nombre de fois il fut sur le point d'être pris par les persécuteurs; mais la divine Providence, qui veillait sur lui, le fit échapper aux recherches les plus actives, par des voies que plusieurs de ses amis crurent pouvoir être appelées *miraculeuses*. Les difficultés, loin de décourager M. Coudrin, rendaient son courage plus ferme, sa charité plus ingénieuse; et l'on raconte mille traits qui prouvent combien il porta ces vertus à l'héroïsme, lorsqu'il pénétrait jusque dans les prisons pour y consoler les malheureuses victimes de l'anarchie.

Au milieu même de ces travaux et de ces temps d'orage, M. Coudrin forma le projet de réunir quelques dames pieuses qui se dévoueraient à l'adoration perpétuelle du Saint-Sacrement, à l'éducation de la jeunesse, et spécialement à l'instruction gratuite des jeunes filles. Les bases de ce projet utile à la société, dont toutes les institutions venaient d'être bouleversées, furent établies par M. Coudrin, qui le vit se consolider, s'étendre et se multiplier dans un grand nombre de villes, où, de nos jours encore, ses humbles sœurs, connues sous le nom modeste de *dames des sacrés cœurs de Jésus et de Marie,* rendent les services les plus signalés. Les jours de deuil avaient cessé, le concordat était devenu comme un lien bienfaisant qui unissait les ruines du passé avec l'avenir, si riche d'espérances. Mgr de Rohan-Chabot, ancien évêque de Saint-Claude, vint à Poitiers, connut l'abbé Coudrin, fit estime de son mérite, et l'emmena dans le diocèse de Mende, dont il venait d'être nommé premier pasteur. Toutefois, le prélat ayant donné sa démission en 1805, se fixa à Paris. L'abbé Coudrin l'accompagna, et, ne pouvant demeurer dans l'inaction, résolut de former des prêtres à l'église de Dieu : de cette époque date l'érection de Picpus. Dire l'origine de cette communauté, ses accroissemens, ses succès aussi bien que ses revers, nous feraient sortir des bornes d'une simple notice ; seulement nous remarquerons qu'il semblait que la Providence avait des vues toutes particulières de bienveillance, en la fixant dans le lieu qu'elle occupa depuis sa fondation. En effet, plus de treize cents victimes immolées à la barrière du Trône pendant la terreur, avaient été jetées au fond d'une immense fosse creusée à la hâte dans les jardins d'un ancien couvent de la rue Picpus. On avait répandu de la chaux vive sur les cadavres, recouvert le tout de terre; là, gisaient sans honneur les restes de personnages ayant appartenu aux familles les plus illustres de la France, de prêtres qui avaient donné leur vie pour la foi, de magistrats intègres, de chevaliers fidèles à leurs sermens et à la monarchie. En 1800, une chapelle expiatoire avait été construite comme en cachette non loin de ce terrain funèbre; les dames des sacrés cœurs prirent à loyer la maison attenant à cet oratoire, et se chargèrent d'y faire célébrer l'office divin. De son côté, M. Coudrin acheta une propriété voisine de cette pieuse congrégation et de ce cimetière si fécond en souvenirs précieux, et c'est là qu'il forma une institution tout à la fois collége et séminaire. On sortait d'une époque calamiteuse pendant laquelle la société avait perdu tous les corps enseignans, et l'Eglise tous les moyens de perpétuer son sacerdoce: aussi fit-elle en peu de temps des progrès admirables. Le clergé de Paris et ses autorités diocésaines la favorisèrent de leurs suffrages; elle devint un centre de réunion pour beaucoup d'ecclésiastiques distingués, qui avaient connu les vertus de M. Coudrin dans les circonstances les plus difficiles, et s'estimaient heureux de vivre désormais sous sa conduite, de travailler sous ses ordres, de concourir à ses desseins. L'esprit de l'homme apostolique qui les dirigeait passa dans le cœur des disciples, et multiplia leurs forces, à mesure que les bonnes œuvres à entreprendre se multipliaient elles-mêmes. Dès 1806, en effet, M. de Boischollet, évêque de Séez, qui avait choisi M. Coudrin pour son grand-vicaire, confia aux prêtres de la maison de Picpus la direction de son séminaire; ils s'y établirent au mois de janvier de la même année, et ne le quittèrent qu'en 1809, contraints par un gouvernement ombrageux. Plus tard furent successivement fondés dans les départemens de nouveaux établissemens, dont la maison de Paris était le modèle, et qui, comme elle, présentaient les trésors de la science et les inspirations de la piété à la jeunesse, soit qu'elle voulût suivre la carrière ecclésiastique, soit qu'elle fût appelée à vivre dans une société qui pourrait profiter de ses exemples; mais Picpus était la base et la mère de ces diverses institutions. A Paris résidait M. Coudrin; sa douceur et son désintéressement lui attachaient le cœur de tous ses élèves, dont un certain nombre recevait gratuitement le bienfait de l'éducation. Il eut la consolation de voir ses soins couronnés de succès; combien de prêtres sortis de cette école si précieuse à la religion exercent actuellement dans les diverses parties de la France le saint ministère! combien d'autres occupent des places importantes dans le diocèse de Paris! combien, enfin, de sujets dans la magistrature, dans l'armée, dans le commerce, dans les arts, se félicitent d'avoir puisé dans cette maison les sentimens honorables et religieux qui les distinguent!

En 1814, M. Coudrin accueillit quelques Irlandais venus en France pour continuer leurs études ecclésiastiques, et qui se trouvaient alors sans ressources: d'autres furent envoyés par leurs évêques dans cet établissement, qui, depuis cette époque jusqu'en 1830, comptait toujours de soixante à quatre-vingts élèves théologiens; l'un d'eux, M. Higgins, est devenu évêque en Irlande. Plusieurs élèves, soit étrangers, soit Français, soutinrent vers ce temps des thèses dans la nouvelle Sorbonne, que M. l'abbé Fontanel avait tant à cœur de constituer; on peut, parmi ces derniers, citer M. Faudet, actuellement curé de Saint-Étienne, qui obtint avec applaudissement le grade de docteur.

En 1820, Mgr de Boulogne, évêque de Troyes, pressa M. Coudrin d'accepter la place de grand-vicaire, et lui demanda des prêtres pour remplir les fonctions de missionnaires dans ce diocèse; M. Coudrin s'y rendit avec plusieurs de ses ecclésiastiques. Pendant dix années ils se livrèrent à la prédication avec un zèle auquel l'évêque rendit publiquement hommage dans quelques-uns de ses mandemens. Dès 1819, l'archevêque de Tours avait également désiré des prêtres de cette société, qui dirigeassent son séminaire. Le pieux supérieur en avait donné, et ils continuent aujourd'hui cette noble mission. Mgr Duchilleau et son successeur, Mgr de Montblanc, n'ont cessé de donner au fondateur de Picpus, qu'ils avaient honoré du titre de *grand-vicaire,* les marques les moins équivoques de confiance. Peu de temps après la mort de M. de Boulogne, S. E. le cardinal prince de Croï pressa M. Coudrin de venir à Rouen, où il l'appelait en qualité de premier vicaire-général; M. Coudrin alla travailler dans cet autre champ de l'Église; sans interrompre les missions de Troyes, il en fit faire par sa société dans le Rouennais, et installa ses prêtres à la tête du séminaire, qu'ils dirigent encore à présent.

La sollicitude de M. Coudrin pour la propagation de la religion catholique ne se bornait pas à la France; une des principales fins qu'il s'était proposée, étaient de former des apôtres destinés à porter le flambeau de la vérité dans les contrées les plus lointaines; aussi lorsqu'en septembre 1825, le Saint-Siége apostolique lui demanda quelques prêtres pour aller prêcher dans les îles Sandwich, il accepta avec joie cette proposition, si conforme à ses désirs de tous les jours. Dès les premiers mois de 1826, trois missionnaires s'embarquaient pour cet archipel, et l'on peut lire dans les Annales de la propagation de la foi, le bien qu'ils y opérèrent, non moins que les peines qu'ils eurent à souffrir de la part des hérétiques, dont les persécutions furent causes de la mort prématurée de M. Alexis Bachelot. Le vénérable supérieur était allé deux fois à Rome, d'abord en 1825, pour le jubilé de l'année sainte, et ensuite en 1829, comme conclaviste du cardinal de Croï. Ses bonnes œuvres l'avaient déjà fait connaître dans la capitale du monde chrétien; mais en ces deux occasions, son mérite fut mieux encore apprécié, soit par Léon XII, soit par le cardinal Capellari, qui, élu pape sous le nom de *Grégoire XVI,* confia en 1833, à la société de Picpus, les missions de l'Océanie orientale, c'est-à-dire le soin spirituel de toute la moitié d'un nouveau monde. M. Etienne Rouchouze, membre de cet institut, fut donc nommé, par le Saint-Siége, *vicaire apostolique;* sacré à Rome, le 22 décembre 1833, sous le titre d'*évêque de Nilopolis,* il partit l'année suivante pour la Polynésie : trois ecclésiastiques du même ordre l'avaient précédé, d'autres furent ses compagnons de voyage ou allèrent le rejoindre. Vers le même temps, Sa Sainteté donnait à la société une autre marque de distinction et de bienveillance; elle prenait dans son sein un évêque pour l'église de Babylone, Mgr Bonamie, qui fut ensuite transféré à l'archevêché de Smyrne. C'est dans ces circonstances que M. Coudrin sentit le besoin d'un lieu spécial de retraite où ses prêtres resteraient pendant un temps convenable, uniquement occupés à se préparer aux difficiles fonctions qui leur étaient imposées par le chef de l'Eglise. Quelques relations qu'il avait eues avec Vaugirard lui avaient fait jeter ses vues sur une maison de ce village, bien appropriée à son dessein; mais la mort vint le frapper au mois de mars 1837, et rompre le cours d'une vie si remplie de travaux, si édifiante, si chère à ses nombreux enfans.

La grande œuvre ne fut pas cependant interrompue ; Mgr Bonamie fut appelé à la tête de la société ; le Saint-Siége approuva ce choix, échangea le titre d'archevêque de Smyrne résidant, en celui d'archevêque de Chalcédoine *in partibus,* et M. Coudrin fut remplacé par un prélat animé de son esprit, héritier de ses leçons et de son zèle. Déjà ses talens avaient brillé dans l'administration de l'église de Smyrne, où il avait fondé un collége dont les succès ont toujours été croissans. En France, l'objet qui fixa le premier sa sollicitude, fut la mission de l'Océanie. Il y envoya de nouveaux ouvriers évangéliques ; plus de trente partirent, soit pour la Polynésie, soit pour Valparaiso, où l'on ne tarda pas à établir une maison qui servit de point de communication entre l'Europe et les îles de l'Océan pacifique. Tout l'archipel Gambiers embrassa la foi catholique ; les îles Marquise, en 1838, donnèrent les mêmes espérances de conversion à la doctrine de Jésus-Christ. Mais pour consolider cette œuvre, il était nécessaire de réunir dans un même sanctuaire ceux que la Providence appelle à ces lointaines émigrations, afin que livrés à la méditation, à l'étude de leur cœur et de leurs futures fonctions, ils amassent les trésors de la vertu plus qu'ordinaire qu'exige cet apostolat. Tel avait été le projet de M. Coudrin: Mgr Bonamie le mit à exécution. Il prit à loyer, dans la grande rue de Vaugirard, n° 104, l'ancienne maison des philosophes de Saint-Sulpice, appartenant aujourd'hui à Dom Groult; il y plaça sous une règle spéciale les prêtres et les jeunes aspirans de ses missions. Dirigés par de vertueux ecclésiastiques, ils y sont, depuis le mois de novembre 1838, formés à tous les devoirs qu'ils auront à remplir. C'est de là qu'ils partent pour aller porter aux peuplades sauvages de la cinquième partie de notre globe, non seulement la connaissance des vérités éternelles, mais aussi les bienfaits de la civilisation. En les accoutumant au travail, ils préviennent les vices qui sont les suites funestes de l'oisiveté; en leur apprenant à cultiver la terre, à la rendre féconde, ils élèvent leurs âmes jusqu'à la pensée de celui qui nous a condamnés à l'arroser de nos sueurs. La vie de ces pauvres nations devient plus douce, plus tranquille; la population y augmente, parce que les exhortations et les saints exemples des pères aux robes noires en ont banni tous les désordres : la paix a remplacé ces divisions et ces guerres intestines qui les déchiraient, parce qu'une religion de charité leur apprend que nous sommes tous frères. Notre commerce lui-même applaudit au zèle de ces hommes admirables et si généreux en sacrifices, car les négocians français trouvent déjà dans ces îles la bonne foi, l'hospitalité qu'ils y cherchaient en vain il y a peu d'années ; plus de violence, plus d'embûches à craindre de la part de ces peuples qui ont cessé d'être sauvages pour servir avec nous le même Dieu. Heureux les Européens s'ils ne tentent pas de communiquer à ces contrées régénérées, les vices de nos sociétés usées par l'irréligion !

CHAPITRE X.

Topographie ancienne de Vaugirard.

Il ne sera pas inutile de jeter un coup-d'œil sur l'ancien Vaugirard, pour juger de l'immense accroissement que prennent en quelques siècles les environs de Paris. Après l'avoir considéré d'une manière générale, parcourons-le donc en détail; nous rappellerons des souvenirs qui ne se rattachent, il est vrai, qu'à des localités fort minimes, mais qui offriront de l'intérêt aux propriétaires actuels.

Nous suivrons, pour cette promenade d'imagination, 1° un superbe Plan *de la terre et seigneurie d'Issy, Vaugirard et leurs dépendances*, manuscrit sur vélin, daté de 1667, qui m'a été communiqué par un amateur très-éclairé d'antiquités, M. Boblet. Ce plan, tracé par les ordres des seigneurs ecclésiastiques, les abbés de Saint-Germain, s'applique spécialement à donner les délimitations de la seigneurie; 2° le dixième tome de l'ouvrage intitulé *Plan des limites de Paris*, tracé à la main, en exécution de plusieurs déclarations royales de 1724, 1726, et formant treize volumes (Biblioth. de la ville de Paris, MS. 140); 3° un autre plan dressé en 1734 par M. le curé Délangle (Arch., L. 1142), dont nous avons parlé; 4° un plan terrier, fait en 1743 par les soins de l'abbé de Saint-Germain, et que l'on conserve à la mairie.

Nous suppléerons à ce que quelques-uns de ces plans ont dû omettre, par les renseignemens que fournissent les autres, et par les relations que nous ont données d'anciens habitans du pays. Nous ne prétendons pas d'ailleurs suivre un ordre chronologique, exact, dépeindre la commune à une époque précise et déterminée; nous dirons seulement ce qu'était, ce que renfermait Vaugirard avant la révolution, sans nous inquiéter de la date où telle rue a reçu son nom, telle maison a été construite, telle communauté a été installée.

Nous ferons d'abord le tour du village; car, hors de l'enceinte qui formait régulièrement son territoire, il y avait des terrains, selon les époques, pour ainsi dire contestés et douteux, les paroisses dont ils relevaient étant trop éloignées pour que la population, çà et là disséminée, n'eût pas le plus souvent recours aux curés de Vaugirard : de là l'habitude d'appeler du nom de *Vaugirard* les lieux bien distans de ses limites légales ; de là aussi les discussions, devenues quelquefois assez vives, entre les divers curés, et terminées par la révolution de 89 et les arrêts de la municipalité de Paris.

En partant de Paris, dès la rue de Bagneux actuelle, où étaient autrefois les limites de la ville, commençait la Grande-Rue de Vaugirard, qui se prolongeait jusqu'à Issy : à droite étaient des champs au milieu desquels on voyait, comme aujourd'hui, la maison de l'Enfant-Jésus et celle des Bénédictines ; il n'y avait pas d'autres bâtimens jusqu'à l'endroit où s'est établie la rue actuellement nommée *Copreaux*. Là se trouvait une borne aux armes de la seigneurie de Sainte-Geneviève. Jusqu'alors on avait été sur le territoire de Saint-Sulpice ; on touchait au territoire de Grenelle, fief appartenant à Sainte-Geneviève-du-Mont : cependant les terrains qui suivaient, jusqu'au parc de l'Ecole, avaient été contestés par Vaugirard, et lui avaient été adjugés par sentence juridique ; ils étaient donc réellement de Vaugirard. N'y entrons pas, coupons par la rue actuelle Copreaux, nous traversons des champs; car alors il n'y avait aucun bâtiment jusqu'à l'angle formé par la rue de Sèvres et la rue Blomet, qui dans le principe n'étaient que de simples chemins. Nous remontons la rue de Sèvres. A droite, vers le numéro actuel 68, appartenant à M. Girard, nous trouvons une ferme dite *la Folie* (plan n° 1). Plus tard, on fit un pavé sur ce chemin, jusqu'à la rue actuelle de l'Ecole; et la rue de l'Ecole, depuis la place de l'Ecole jusqu'à la rue de Vaugirard, s'appela *le pavé de la Folie;* c'était là que commençaient les maisons du village. De là cette plaisanterie connue : *Je t'aimerai à la Folie, et te quitterai à Vaugirard,* pour exprimer un amour de courte durée. Plus tard aussi ce pavé de l'Ecole, jusqu'à la barrière de ce nom, fut embelli de plusieurs rangées de beaux arbres, qui formèrent une allée ombragée se dirigeant vers l'Ecole-Militaire. En appuyant à gauche vers la Seine, on voyait le château de Grenelle, accompagné de sa ferme, qui faisait presque face à la première grille actuelle du Champ-de-Mars. Il fut par la suite l'hôtel de la famille de Craon, et, postérieurement, fut encore transformé en poudrière. Jusqu'à la hauteur du lieu où la Seine se sépare pour former une île, sur laquelle s'appuie aujourd'hui le pont de Grenelle, de vastes champs et des prairies naturelles longeaient le fleuve, et s'étendaient d'une part jusqu'au pavé de l'Ecole, de l'autre jusqu'à Vaugirard. Les seules *maisons blanches*, même jusqu'en 1750, bâties au bord de l'eau, apparaissent au milieu de cette plaine. Devant le château de Grenelle passait un chemin appelé *chemin de Grenelle à Vaugirard*, qui aboutissait à notre rue actuelle de Grenelle ; derrière le château, un autre appelé *chemin d'en bas de Paris à Issy*, et qui aboutissait à la Croix-de-Nivert, se continuait jusqu'à l'extrémité de la rue Notre-Dame ; enfin, un troisième commençait au port de Javet ou Javelle, et, coupant la rue de Sèvres au-dessus de la Croix-de-Nivert, se prolongeait jusqu'à la même extrémité de la rue Notre-Dame à Issy. Là s'arrêtait la censive de Sainte-Geneviève. Tout le terrain qui bordait ainsi la Seine rappelait, par son aspect, l'origine du nom donné à ce territoire, car, dans le principe, il n'était qu'une immense garenne appartenant à Saint-Germain-des-Prés. Les anciens titres n'en font jamais mention que sous le nom de *Garanella*; d'où l'on a fait ensuite *Guarnelle*, puis *Grenelle*. Au long de la rive était une grenouillère très-abondante, dont on conserve la mémoire.

En reprenant la rue de Sèvres à la place de l'Ecole, on passait devant la Sablonnière, qui approvisionna long-temps Paris : c'est ce qui fait qu'aujourd'hui ce quartier forme un vaste creux, d'où les eaux ne trouvent pas d'écoulement facile, et qui conséquemment n'offre que des habitations malsaines. Les fouilles qui y ont eu lieu, pendant bien des années, en ont fait une vallée qui recèle des marres croupissantes. Malgré cette position défavorable, plusieurs guinguettes célèbres s'y étaient cependant installées.

Ensuite, on trouvait à gauche une petite propriété, composée de trois corps-de-logis, qui appartenaient à la maison de l'Enfant-Jésus, et qui devint le *Château-Frileux*. Tout a été abattu, vendu, consacré à la culture maraîchère; mais l'enseigne du marchand de vin qui est à cette place conserve le souvenir de cette dénomination.

Une belle propriété fut ensuite bâtie à l'angle de la rue de Grenelle et de la rue de Sèvres, ayant derrière elle le sentier Blomet. Acquise par le comte de Praslin, elle était habitée par Mlle Dangeville, et, plus tard, elle fut achetée par le comte de Mirabeau. Dans ses communs on a établi, immédiatement après la révolution, une fabrique de bleu; et elle a conservé le nom de *maison au bleu*, même depuis qu'elle appartient à Mme Milon.

Plus haut était un autre petit château, dit *des Deux-Girouettes*, qui fut d'abord une campagne de Mme de Saint-Prix : elle y tenait une espèce de cour, protégée par Mgr le prince de Condé. Les jardins en étaient magnifiques; les bosquets y étaient ornés de statues précieuses; mais il changea de maître à l'époque de la révolution, fut bouleversé de fond en comble, et reconstruit sur un autre plan, avant de devenir la propriété de Mme Firmin. Il fut habité, dit-on, par le docteur Colon, qui y tenta les premières expériences de la vaccine, lorsque cette découverte fut importée d'Angleterre. Mme de Gerfaux, nourrice de la princesse Adélaïde, y habita aussi avant 1815, et il était encore alors presque dans toute sa beauté.

En remontant encore vers Sèvres, on passait devant les murs du château *Feuquières*, puis devant la ferme du *Rendez-vous de la plaine*, et jusqu'à la Croix-de-Nivert il n'y avait plus que des champs : cette Croix était à environ cent-vingt-cinq perches de la rue des Prêtres ou de Saint-Lambert. Après cette Croix, le chemin de

Sèvres prenait le nom de *Grand-Chemin des charbonniers.*

Si maintenant nous partons du point de Paris que nous avons indiqué, c'est-à-dire la rue de Bagneux, et que nous considérions la gauche de cette route, nous trouverons d'abord *le Moulin de la Pointe,* à l'angle que forment actuellement la rue de Vaugirard et celle des Fourneaux, autrefois appelée *le Chemin de Vanves.* En remontant, est une croix dont on voit encore les ruines amoncelées dans les murs de la propriété sise à Paris, rue de Vaugirard, n° 135; on l'appelait *la Croix-de-Vaugirard.* Les terrains qui venaient ensuite, jusqu'à la rue de la Procession, faisaient partie des quatre cents arpens que Sainte-Geneviève avait cédés à la paroisse, et qui avaient pour limites, par derrière, le chemin de Vanves et une carrière dite *Torche;* par-devant, la terre des Fourneaux, laquelle alors longeait la petite rue de la Procession, et a donné son nom à la barrière conduisant à Vanves. Le sol depuis Paris jusqu'à la Croix-de-Vaugirard, et celui qui était situé derrière ces terrains, que coupait un sentier appelé *Petit-Sentier du faubourg Saint-Marceau,* relevait de Saint-Etienne-du-Mont; la rue des Fourneaux et le petit sentier se coupaient en forme de croix : le second, après avoir traversé des vignes, des prés et des carrières, conduisait à plusieurs moulins qui portaient des noms assez bizarres : Moulin-Neuf, Moulin de Beurre, Moulin de la Galette, Moulin des Trois-Cornets, nommé plus tard *Moulin Janséniste*. Ce dernier mérite une mention particulière. Placé au coin de la Chaussée-du-Maine et de la rue de Vanves, il offrait un but facile de promenades aux écoliers de Paris ; les jeunes gens dirigés par les oratoriens s'affectionnèrent au meunier à qui il appartenait ; et comme les professeurs de ce collége furent accusés de donner dans le jansénisme, les étudians des autres colléges se mirent à le désigner sous le nom de *Moulin Janséniste*. Du moment où cette plaisanterie se répandit, les jansénistes affectèrent de la justifier en le choisissant de préférence pour but de leurs parties de plaisir, et quelquefois pour centre de leurs réunions. Le P. Quesnel, dit-on, y vint souvent avec plusieurs chefs de la secte. Les excès que pouvaient s'y permettre les écoliers ne consistaient qu'en de petits goûters où figuraient le lait, le beurre et la galette. Toute l'étendue des terrains occupés par les moulins appartenait à la paroisse Saint-Hyppolite. En se dirigeant vers le territoire de Vanves, on trouvait à sa gauche le chemin *des Bassemay*, qui venait aboutir à notre rue des Vignes ; plus haut que l'entrée de ce chemin se voyaient les quatre moulins, qui de loin signalaient le carrefour encore existant ; plus haut encore était une croix dite *de la Garenne*. Ce lieu conserve aujourd'hui le même nom ; on le connaît aussi sous celui de *la Ferme des Acacias :* il était la limite de Vanves et de Vaugirard. De ce lieu un chemin sinueux conduisait, à travers des prés et des vignes, au moulin de Vaugirard, encore subsistant ; il s'appelait le *Vieux-Chemin des Morillons*. On descendait la colline, et l'on rentrait dans l'intérieur du pays.

Comme on le voit par cet itinéraire, Vaugirard était enclavé dans la censive de Sainte-Geneviève ; car, à l'exception du territoire situé entre la droite de la Grande-Rue et la rue de Sèvres, qui relevait de Saint-Sulpice, tout le reste dépendait de cette abbaye ; c'était en conséquence de la distribution des terrains sis aux environs de Paris par Clovis Ier. Il était de notoriété, dit l'abbé Lebeuf, que Saint-Étienne-du-Mont avait des champs dans la plaine de Grenelle, des prés au lieu dit *Javet*, dont plus tard on a fait *Javelle,* et un vignoble appelé *Brueria,* entre Vanves et Paris. Mais c'en est assez sur l'extérieur du village, examinons ce qui en composait le centre, qui reconnaissait sans contradiction la juridiction de l'abbaye de Saint-Germain.

A l'entrée de la rue de la Procession était une croix ou premier reposoir. Dans les champs, à l'extrémité de cette rue, une autre croix ou deuxième reposoir; le troisième reposoir était la croix de la Garenne, et le quatrième une croix dite de *Nivert,* placée bien au-delà de la rue qui porte actuellement ce nom. Ce qui, en y comprenant la croix de Vaugirard dont nous avons déjà parlé, établissait cinq stations que les processions visitaient à certaines époques. De là les noms de rue *de la Procession* et rue *de la Petite-Procession,* soit que le clergé fît le grand tour de la paroisse, soit qu'il prît un chemin plus court, lorsqu'il marchait processionnellement. Les croix dont nous venons de parler sont notées sur le plan de 1737; on y voit également trois hautes portes qui pouvaient au besoin fermer le village et lui servir de défenses. Elles se composent chacune de deux tourelles crénelées : la première était située à peu près en face de notre rue du Parc, la seconde au-delà de l'église avant la maison de M. Poiloup; la troisième, dans la rue des Prêtres, actuellement Saint-Lambert, s'adossait sur les bâtimens du marquis de Feuquières. Les deux premières donnèrent origine au nom de la rue *des Tournelles,* dont les deux bouts se trouvaient dominés par ces petites tours, sur lesquelles reposaient probablement les deux pièces de canon que les archives municipales nous apprennent avoir toujours été à Vaugirard. En 1791, on les fit transporter à Paris par zèle révolutionnaire (22 juin, Arch. munic.), pour la défense de la capitale.

Après le terrain qui se trouve vers la rue Copreaux, et où nous avons dit être une borne de Grenelle, ainsi que la maison des frères, il y avait le fond des Marivaux, qui s'étendait jusqu'à la rue de Sèvres. Sur la façade, du côté de la Grande-Rue, étaient peu de propriétés. On n'en connaît point d'autre qu'une maison qui portait le n° 10, et une inscription où se lisait la défense de bâtir au-delà de ces limites, avec la date de 1727. Elle n'était pas loin des portes de Vaugirard. Dans des temps assez voisins de la révolution, on construisit l'hôtel du Soleil d'or, qui acquit assez de célébrité. Cette enseigne rappelle le souvenir d'une gaieté d'écoliers qui m'a été racontée par un ancien élève des Trente-Trois.

Il y avait dans cet établissement un jeune homme fort ardent pour la controverse; mais s'il prenait malheureusement la parole au départ d'une promenade, que l'on faisait, selon l'usage, chaque mercredi à Vaugirard, il n'était plus possible à son compagnon de voyage de placer une seule phrase, tant était facile sa loquacité! tant son ardeur pour les disputes de l'école était oublieuse des convenances! C'était à qui ne le prendrait pas pour associé de promenade; celui sur lequel tombait le sort était condamné d'avance et pour toute la route au rôle très-passif et très-ennuyeux de muet auditeur. L'ecclésiastique dont je tiens ce récit, M. Augé, notre vénérable vicaire-général, fut le seul qui consentit à accepter la compagnie de cet intarissable causeur, mais il fit ses conditions : « Nous partagerons, lui dit-il; vous par« lerez jusqu'au Soleil d'or, c'est la moitié en« viron de la route ; mais moi je jouirai de toute « ma liberté depuis le Soleil d'or jusqu'aux « Trente-Trois. » Hélas! remarquait-il, cinquante ans après cet acte de dévouement, j'ai souvent réclamé en vain le bénéfice de mes conventions et la rigueur de mes droits.

Venait ensuite une large chaussée, dite le *Pavé de la Folie*, au lieu où se trouve maintenant la rue de l'École, et qui longeait le parc de l'École-Militaire ; elle était plantée de beaux arbres, et menait à une place disposée en hémicycle : c'était la place d'armes (plan 4). Au centre de l'ancien parc, on a percé une rue qui a pris son nom de l'emplacement qu'elle occupe. Ce parc s'étendait jusqu'à la place actuelle de la mairie ; il avait pour limites, du côté de Grenelle, une maison où se trouvait une glacière détruite l'an passé, et dont la porte s'ouvre rue Blomet. Il était entouré de murs, fermé par de hautes grilles, et il contenait de petites maisons, à chacune desquelles était joint un jardinet, comme on en voit actuellement à l'hôtel royal des Invalides, pour l'agrément des militaires qui y étaient logés. C'était là qu'habitaient des officiers très-distingués, dont on lit les noms dans les actes des anciens registres de baptêmes, de mariages ou de décès. Ce parc par derrière était longé par la rue dite autrefois *sentier des Chiens,* actuellement rue Blomet ; et au lieu où se voit le chantier était une dépendance de bâtimens qui se liaient au parc, et donnaient sur l'hémicycle.

De l'entrée du parc de l'École donnant dans la Grande-Rue, nous passons devant le collége de Lizieux, puis devant la maison de M. de

Maupeou, où se trouvait un cimetière. En 1660, près de ce cimetière, était un chemin qui établissait une communication de la Grande-Rue vers les champs de Grenelle, en coupant le sentier Blomet, la rue de Sèvres et la Sablonnière. Mais M. de Maupeou l'avait supprimé, en le réunissant par un mur d'enclos à un autre terrain contigu qui lui appartenait; la commune alors lui avait intenté un procès, soit pour la suppression du chemin, soit pour l'emploi de la croix et de l'autel de l'ancien cimetière, sans avoir auparavant rempli les conditions de son achat, qui était de donner un autre cimetière à la paroisse (Arch., S. 3595). Au milieu du cimetière supprimé, M. de Maupeou avait fait construire une chapelle qui devint postérieurement celle de la communauté de Laon, car cette société acheta par la suite cette propriété pour en faire sa campagne. Après elle, nous passons devant les philosophes de Saint-Sulpice, et devant quelques autres propriétés, dont la principale, occupée aujourd'hui par M. Maniette, maître de pension, était celle de M. de Vezannes.

Au coin de la rue de Grenelle, la propriété divisée entre M. Jourdain et M. Mène-Maurice, était un lieu de rendez-vous pour les seigneurs de la cour, qui venaient s'y livrer aux dangereux plaisirs du jeu et de la bonne chère. Sous le directoire elle appartint à M. des Carrières, qui tenait aussi à Paris une maison de jeu; elle ne changea pas de destination.

Au milieu de la rue de Grenelle à droite, se trouvait, en 1815, la campagne de M. Poultier, dont la mémoire généreuse fut long-temps chère aux pauvres, à la commune, à l'église. Doyen des commissaires-priseurs à Paris, il avait amassé une belle fortune qu'il répandait avec prodigalité dans le sein de l'indigence, soit au quartier de Saint-Sulpice, soit à Vaugirard. Un pot-pourri, que l'on chantait à sa louange, le peignait comme l'homme de la bienfaisance. En voici quelques couplets, dont on excusera la simplicité :

> De tous les commissaires,
> Poultier, c'est le doyen.
> Il s'entend en affaires
> Plus qu'aucun praticien.
> A quiconque est novice
> Il prête son appui;
> C'est lui rendre service
> Que s'adresser à lui.
>
> Pourquoi donc, la poche pleine,
> Sans cesse voit-on Poultier

Courant jusqu'à perdre haleine,
Au risque de s'estropier?
C'est qu'alors son cœur le guide
Vers quelqu'honnête indigent ;
Il revient, sa poche est vide,
Mais que son cœur est content!

O Vaugirard! ami de la guinguette,
Assez long-temps chez toi régna Bacchus :
Mais quand Poultier te choisit pour retraite,
On te nomma le séjour des vertus.

Plus loin, dans la Grande-Rue, la maison occupée par l'institution de Mme Stevenin servit de refuge pendant la révolution à quelques religieuses qui y ouvrirent une pension, sous la direction de Mlle Leton, laquelle la céda plus tard à une demoiselle Tissot. Enfin, auprès de l'église, la maison de M. Valette reçut autrefois Mme de Villeneuve, et plus tard servit de campagne aux Petits-Augustins.

En entrant dans la rue Notre-Dame, on trouvait à gauche la rue des Prêtres, aujourd'hui appelée *Saint-Lambert;* elle se prolongeait à travers un petit bois jusqu'à la rue de Sèvres, longeant la propriété du marquis de Feuquières, et ayant à son extrémité deux tourelles. Les anciens du pays se ressouviennent qu'on leur racontait que leurs pères allaient jouer dans ce bois. Il y a peu d'années qu'une grande quantité d'ossemens trouvés au n° 17, a révélé qu'on y avait placé jadis un cimetière. Reprenant la rue Notre-Dame, après la rue Saint-Lambert, se voyaient le presbytère, la maison vicariale, et la façade principale du château Feuquières, dont le clos se terminait dans la rue de Sèvres par une haute terrasse formant demi-lune saillante et crénelée pour recevoir des canons en cas de défense. La rue Notre-Dame, en montant vers Issy, fait un coude et se sépare en forme de fourche : la branche de gauche, qui conduit aujourd'hui au *Hameau du brave homme,* avait le nom de *chemin Blaumet,* nom que l'on a donné depuis à la rue *des Chiens;* cette dénomination vient de l'abbaye Saint-Germain, qui l'avait également imposée à l'une des rues du faubourg Saint-Germain, car la rue actuelle *Plumet* est toujours nommée *Blomet* dans les anciens titres, et *Plomet* dans les plans conservés à la bibliothèque de la ville de Paris. La branche de droite gardait jusqu'à Issy le nom de rue Notre-Dame. A cent pas de la fourche se trouvait à droite un premier sentier qui allait directement à la rue de Sèvres, en longeant la propriété Feuquières ; un second sentier, descendant de Issy, débouchait en face de la croix de Nivert. Il est à regretter que l'on ait laissé fermer ces deux petits chemins, qui établissaient des rapports faciles entre Issy et le village de Grenelle. Retournons vers l'église dans la Grande-Rue : nous passons devant le cimetière, au coin duquel était l'école des filles, puis la maison du séminaire Saint-Sulpice et celles de la communauté des prêtres ; plus loin ce n'était que champs labourés.

Faisons volte face pour retourner à Paris : voici tout ce que nous avons à notre droite. Sur la hauteur, le moulin et diverses cultures en prés et en vignes ; au bas de la côte, la seconde propriété de la communauté des prêtres, les anciennes portes du bourg, la campagne des Théatins, très-large en jardins, très-étroite en façade, car six petites maisons, dont une probablement louée dans le principe à M. Olier, l'obstruaient ; puis les Trente-Trois. Peu de temps avant la révolution, ils avaient vendu une partie de leur terrain. Mme de Guébriant y avait fait bâtir un hôtel qui devint plus tard l'habitation de M. Henrion de Pencey ; il appartient aujourd'hui à M. le lieutenant-général vicomte de Pernety, pair de France : on le reconnaît à la demi-lune qui forme son entrée.

Henrion de Pensey, ainsi appelé pour se distinguer de son frère Henrion de Saint-Amand, qui ne laissa qu'une fille, Mme la vicomtesse de Pernety, épouse du général de ce nom, mourut en 1829, à l'âge de quatre-vingt-sept ans. Il affectionnait Vaugirard, et ce fut sous les ombrages touffus des bosquets qui embellissaient la propriété de son neveu, qu'il dicta, presque aveugle, les dernières pages de son *Histoire des assemblées nationales de France*, dont il préparait une nouvelle édition. Jurisconsulte distingué, d'une éloquence persuasive, d'une fermeté de caractère rare, nommé par Napoléon, qui l'honorait d'une estime particulière, conseiller d'Etat, sans qu'il cessât d'occuper la place de président à la Cour impériale; garde des sceaux en 1814; il joignait à toutes ses éminentes qualités le respect le plus profond pour la religion, « sanction la plus inviolable des « lois, disait-il dans son éloge de Dumoulin, « la seule que l'homme porte toujours avec lui, « la seule qui place le supplice dans l'âme du « criminel; aussi puissante dans la nuit du se- « cret qu'à la face de la terre,... le despote est « étonné de trouver une puissance supérieure « à la sienne. »

Après les Trente-Trois, nous remarquons l'hospice civil, construit dans un temps rapproché du nôtre, sur une portion de terrain voisine; il était suivi de la maison des seigneurs laïcs, dont les jardins avaient pour limites la rue des Vignes et la rue des Tournelles, sous laquelle était pratiqué le souterrain communiquant avec le clos des Vignes et du Pressoir. L'abbaye faisait l'autre encoignure de la rue des Vignes. Le terrain qui était derrière s'appelait le *Clos de la seigneurie ecclésiastique*. Il y avait ensuite un grand nombre de maisons particulières peu dignes de remarque, si on en excepte celle qui est devenue la propriété de M. Davin, après l'avoir été de Mme Dolimier, et dont les hautes plantations étaient magnifiques; on dit qu'elle était une campagne des Grands-Augustins. Nous allons ainsi jusqu'à la rue des Tournelles, qui conduisait aux Fourneaux et au chemin de Paris à Vanves; puis nous passons les portes de Vaugirard et la rue de la Procession, sans rien trouver qui soit digne de notre attention. Après cette rue se voyait un vaste terrain appartenant aujourd'hui aux héritiers du sieur Sevray, qui alors avait été achetée par Mlle Doubledent, si connue par sa bienfaisance. Jusqu'à la croix de Vaugirard, ce n'était plus que des champs.

Tel a été Vaugirard avant la révolution. Concluons ce chapitre en signalant l'injustice de ceux qui ont écrit que Vaugirard n'était qu'une réunion de guinguettes, un rendez-vous pour la débauche et l'ivrognerie. Les anciens du pays ne citent, en effet, qu'une douzaine de cabarets qui aient eu la vogue autrefois ; ensuite il y avait, comme aujourd'hui, deux quartiers bien distincts : celui qui avoisinait les limites de Paris, et celui qui s'était groupé autour de l'église. Dans le premier seul régnaient le bruit, le tapage, les excès mêmes, chose facile à croire, car les gardes suisses habitaient l'École-Militaire et le parc adjacent. M. de Langle, dans son mémoire contre la fabrique de Saint-Etienne, donne comme raison principale, qui doit faire conserver à la fabrique de Saint-Lambert les habitations contestées, l'éloignement où elles sont de tout secours spirituel. « Privés de l'en-
« seignement religieux et de la surveillance cu-
« riale, dans quel abrutissement ne tomberont
« pas, dit-il, ces gens exposés à tant de scan-
« dales par suite des guerres civiles, par suite
« de l'ivrognerie qui règne dans ces quartiers
« isolés! que de crimes, que de meurtres déjà
« s'y commettent! Que sera-ce, si Vaugirard les

« délaisse? » Il parlait donc ainsi de l'extérieur de Vaugirard; mais dans l'intérieur tout était paisible, et n'offrait que des habitudes vertueuses.

CHAPITRE XI.

Accroissemens successifs et séparation de Grenelle.

Vaugirard ne pouvait manquer de profiter avec les années des avantages que lui assuraient la proximité de la capitale et sa situation géographique. En effet, les clôtures de Paris, qui n'étaient encore en 1787 que des murailles informes et grossières, furent élargies sous le ministère de M. de Calonne, lequel, à la demande des fermiers-généraux, conçut le projet de renfermer la ville dans une enceinte plus vaste et plus régulière. Alors furent construites les barrières, auxquelles on voulait donner le nom et la magnificence des Propylées de l'ancienne Grèce. Si Vaugirard perdit du terrain d'un côté, il en gagna de l'autre, je veux dire du côté de la chaussée du Maine ; et ses relations avec la capitale devinrent d'autant plus aisées, qu'il communiquait avec elle par huit barrières, et qu'il n'était distant de Notre-Dame que d'une lieue, car la colonne leugaire, portant le n° 2, se trouve au milieu de la Grande-Rue, en face la maison de M. Groult. Tout récemment, on vient de placer deux inscriptions rue du Parc : l'une au coin de la Grande-Rue, l'autre au coin de la place de l'École ; elles indiquent les distances exactes en mesures métriques. La première porte :

	Kil.
De Paris.	0,6
Des Invalides.	1,6
De la place de la Concorde.	2,1

La deuxième porte :

D'Issy.	2,0
De Meudon.	5,2
De Sèvres.	6,2

Un air pur et beaucoup plus sain que celui qui règne de l'autre côté de Paris, où les vents du Midi repoussent habituellement les miasmes fétides et les exhalaisons mauvaises de la capitale, un sol très-propre à la culture, au jardinage, aux praieries artificielles, à cause du voisinage de la Seine ; une grande facilité pour les constructions, motivée par l'exploitation de tant de carrières ouvertes depuis long-temps, et que les bâtimens de l'École-Militaire, ainsi que tous les besoins de Paris étaient loin d'avoir épuisées : toutes ces causes offraient des élémens de prospérité à Vaugirard. Sans doute, il n'y avait aucune propriété appartenant à la commune, et par conséquent nulles promenades publiques ; mais le voisinage de Meudon, Fleury, Bellevue, Auteuil, le bois de Boulogne, Saint-Cloud, suppléaient à cette privation, qui, aujourd'hui, moins que jamais, ne se fait pas sentir, à cause du grand nombre de jardins particuliers qui accompagnent chaque maison. Ainsi favorisé, Vaugirard donc était en voie d'agrandissement. Bientôt des rues nouvelles furent percées; des maisons, des manufactures, des usines pour les produits chimiques et les acides, s'élevèrent à l'envi du côté de Grenelle. La route de Vaugirard à Issy, bordée autrefois de champs ensemencés, se couvrit de constructions ; un hameau tout entier, celui du *Brave homme*, fut formé en 1818 par l'industrie de M. Desrues. A la place de vastes propriétés, possédées autrefois par les communautés religieuses, mais morcelées depuis la révolution, se groupèrent une multitude de petits bâtimens qui, par leur bon marché, attirèrent les petites fortunes ; tel fut, enfin, le progrès de ce village, que sa population doubla presque à chaque période de dix ans. En voici la gradation successive, depuis son commencement :

En 1500......... 350 âmes.
1700......... 900
1750......... 1800
1790......... 2400 (1)
1800......... 2200
1808......... 2600
1812......... 3000
1816......... 3200
1820......... 4400
1825......... 5600
1830......... 8500
1831......... 6700
1837......... 8840

Actuellement, dit-on, près de 10,000

La diminution que nous remarquons, en 1831, tient à une série de faits dont nous allons parler. Avant de les raconter, disons que la ville de Paris avait long-temps opposé un obstacle

---

(1) Arch. mun., 16 oct. 1790.

très-grave au développement de Vaugirard, en choisissant un vaste clos, situé entre la barrière de Vaugirard et celle de Sèvres, pour le consacrer aux sépultures des arrondissemens voisins. Ce cimetière, qui ne subsista que vingt-cinq ans environ, fut un motif d'éloignement pour la population, qui se serait agglomérée dans ce quartier. Il ne renfermait les dépouilles mortelles d'aucun personnage distingué, si l'on en excepte un très-petit nombre, tels que de Laharpe le littérateur; Beaudelocque, célèbre praticien et professeur de médecine; Clairon, actrice renommée; Chaudet, statuaire de réputation supérieure et membre de l'Institut; Nicolas Séjan, organiste du roi, et Monthyon, le héros de la philantropie. Après avoir été abandonné depuis une dixaine d'années, il vient d'être heureusement détruit en majeure partie, et la moitié de son emplacement est convertie, aux frais de l'administration départementale, en un boulevard large et spacieux. C'est ce qui a facilité cette année l'achèvement de la belle route extérieure qui unit la barrière de Sèvres à celle du Maine. Revenons cependant à notre sujet.

En 1824, la plaine de Grenelle faisait encore partie du territoire de Vaugirard : elle était presque entièrement livrée à la culture; seulement quelques constructions apparaissaient çà et là vers la Croix-de-Nivert et sur le bord de la Seine. Au mois de mai de la même année, M. Léonard Violet acheta cette plaine, dans le dessein d'y fonder un village : il s'associa M. Letellier ; et dès ce moment il forma de ce côté un quartier distinct, sous l'invocation de saint Jean, et sous la dénomination de *Beau-Grenelle*. D'après les plans de M. Heer, arpenteur-géomètre, et par les travaux de M. Bontat, architecte estimé, s'élevèrent comme par enchantement des habitations gracieuses, de vastes hôtels, des villas entourées de jardins élégans. En 1828, quelques dissensions éclatèrent dans le sein du conseil municipal, relativement aux améliorations qu'exigeait la partie de la commune située sur Grenelle, et à l'emplacement qu'occuperait la nouvelle église, dont on reconnaissait unanimement la nécessité; elles donnèrent lieu à des pensées de séparation qui, en 1829, devinrent plus sérieuses, et se formulèrent alors en propositions nettes et pressantes. Enfin, le 30 décembre 1830, une ordonnance royale prononça sur ces différends; et le 6 février suivant, la constitution de la nouvelle commune était définitive. Un conseil municipal particulier fut formé selon les prescriptions de la loi. M. Juge fut installé maire. Vaugirard avait, pour remplir cette dignité à cette époque, M. Gautier, le dixième dans l'ordre de sa création. En voici la liste complète, jusqu'à l'année où nous sommes :

Maires.			MM.
1er. En	1790.	. . . .	Nicolas Gervoise.
2e.	1792.	. . . .	Nicolas Lemire.
3e.	1793.	. . . .	René Damiens.
4e. De juin	1800 à juillet *id.*	. .	Nicolas Gervoise.
5e. De juillet	1800.	. . . .	J.-Baptiste Dunepart.
6e.	1814.	. . . .	L. Dunepart fils.
7e.	1819.	. . . .	P. Gallet.
8e.	1821.	. . . .	Fondary.
9e. De juillet	1830 à septemb. *id.*		Dubut.
10e. De novembre	1830 à juillet 1831.		Gautier.
Interim.		. . . .	Bellamy, adjoint.
11e.	1832 à juillet 1840.		Henri Pernot.
Interim.		. . . .	Ganda, adjoint.
12e. D'octobre	1840.	. . . .	Brulé.

Un pont très-élégant fut construit sur la Seine, en face de la belle avenue d'Auteuil ; la navigation fut portée sur la rive droite au moyen d'une digue, dont on se servit pour former une gare à eau courante, destinée au stationnement des bateaux et à des marchés flottans ; la ligne des terrains qui bornent la rive gauche, embellie de superbes quais, fut transformée en un port vaste et commode ; des magasins, des entrepôts, des routes nouvelles favorisèrent le commerce et l'échange des marchandises qui remontent la Seine pour l'approvisionnement de la capitale, et sont par ce moyen rendues à leur destination plus promptement et à moins de frais. Pour la construction du pont, comme pour l'établissement de la gare et du pont, des compagnies s'étaient formées ; elles firent face aux énormes dépenses qu'exigèrent les besoins de la commune naissante. Un petit théâtre, agréablement bâti, vint embellir le village : il coûta 130,000 fr., et put contenir onze cents personnes. La société des terrains avait compris qu'une église était, pardessus tout, l'objet des vœux généraux : aidée par le gouvernement, elle eut l'honneur d'en commencer les travaux; elle en surveilla l'exécution, elle fournit aux grands frais qu'ils nécessitèrent, et elle fit don à la commune de ce bâtiment d'un aspect grave et religieux, simple, mais assez noble. On a peut-être dépensé trop d'argent au clocher ; sa masse un peu lourde et son style gothique forment des disparates très-frappantes avec l'ensemble du monument et le goût moderne qui règne dans ses détails. La première pierre en avait été posée par Mme la duchesse d'Angoulême en personne, et son ouverture eut lieu en septembre 1828. Pendant quelque temps desservie par le curé de Vaugirard, cette église eut ensuite un prêtre à demeure, mais dépourvu de titre officiel et ecclésiastique : enfin, elle fut érigée en paroisse succursale par ordonnance royale du 13 décembre 1836, et par ordonnance archiépiscopale du 1er janvier 1837. Ainsi fut scindée la cure de Vaugirard ; elle rentra presque alors dans les anciennes limites qui lui étaient fixées du temps où l'abbaye Sainte-Geneviève avait la seigneurie de Grenelle. Quatre cent quatre-vingt-onze ans auparavant, Vaugirard s'était séparé d'Issy pour des motifs tout religieux ; en 1830, Grenelle se séparait de Vaugirard pour des raisons entièrement civiles et commerciales : différence caractéristique des mœurs et des habitudes de ces deux époques.

Toutefois cette division, amenée par l'excès de la population et les intérêts matériels de ces deux territoires quelquefois divergens, ne nuisit en rien à Vaugirard. Sous le rapport civil, il conserva sa prépondérance, et répara promptement ses pertes ; sous le rapport ecclésiastique, il garda ses prérogatives. Son titre curial, éteint par l'ordonnance de Mgr de Belloy du 8 mai 1802, rendue en conséquence de la bulle de Pie VII, publiée par le cardinal Caprara le 9 avril 1802, lui avait été restitué en 1827 : une ordonnance royale du 4 juillet, et une ordonnance archiépiscopale du 15 décembre de la même année, qui la déclara distraite pour le spirituel du canton de Sceaux, l'érigèrent en cure de deuxième classe; puis elle fut élevée, par une autre ordonnance royale du 28 novembre 1828, au degré de première classe : alors elle eut droit à deux vicaires rétribués par l'Etat. Elle dut ces avantages religieux à sa population, dont le chiffre fut tellement agrandi, que Vaugirard put être considéré comme ville, et que son maire tint du pouvoir royal sa nomination.

CHAPITRE XII.

Etat actuel de Vaugirard.

Vaugirard, borné à l'est par Montrouge, touche au sud à Vanves et à Issy; il a Grenelle à l'ouest, et au nord les murs de Paris, depuis la barrière de l'École-Militaire, celle des Paillassons, de Sèvres, de Vaugirard, des Fourneaux, jusqu'à celle du Maine, dont la chaussée de ce nom, située à droite de la route départementale, lui fournit une agglomération d'habitans que l'on peut regarder comme un annexe à la commune principale. Nous avons déjà noté le chiffre de la population sédentaire; quant à la population mobile, elle monte à peine à trois ou quatre cents personnes; mais la circulation journalière des habitans de Paris à travers Vaugirard peut être facilement évaluée à cinq ou six milles.

On y trouve tout ce qui caractérise les villes : étude de notaire, étude d'huissier, commissariat de police, audience du juge-de-paix, qui vient une fois la semaine siéger à Vaugirard, afin d'éviter aux habitans des courses trop pénibles; maréchal-de-logis de gendarmerie, grand bureau de poste affranchissant pour Paris et les départemens, trois boîtes aux lettres dépendantes de ce bureau, bureau de papier timbré, imprimerie lithographique et librairie, quatre établissemens de bains, voitures publiques dites *favorites, parisiennes, tricyles,* correspondantes à de légers frais avec tous les quartiers de Paris; plusieurs médecins, pensions multipliées, soit de garçons, soit de demoiselles; pension bourgeoise; enfin, les états de tous genres.

On y compte neuf cents gardes nationaux divisés en six compagnies, qui font partie du 6e bataillon de la 3e légion de la banlieue, dont Vaugirard est le chef-lieu, les autres compagnies étant fournies par Issy et Grenelle. C'est à Vaugirard que réside le lieutenant-colonel de la légion, M. Gautier d'Uzerche. Les sapeurs-pompiers y sont au nombre de trente-huit, pour le service de la pompe à incendie, achetée par la commune. Quoique comprenant une superficie de quinze cents arpens environ, Vaugirard est rarement troublé par aucun évènement grave; le calme le plus parfait y règne par suite de l'esprit d'ordre et de travail qui distingue ses habitans. Comme les guinguettes sont nombreuses aux barrières du Maine, de Sèvres et de l'École, il est vrai que des gens étrangers à la commune apportent dans ces trois localités un peu de tapage, et quelquefois des excès, mais le reste du pays semble être un faubourg de la capitale. L'industrie seule y fait retentir le bruit de ses utiles travaux, ou bien le jardinier, classe de mœurs pures et amie de la paix, y cultive ses vastes marais. Rien d'agréable à l'œil du promeneur comme ces jardins potagers, où le cultivateur établit une propreté, une symétrie si parfaites. Les états les plus nombreux ensuite sont ceux des carriers, des nourrisseurs et des blanchisseurs. Le commerce se soutient et s'alimente à l'aide des fréquentes relations qui unissent ces métiers avec Paris; c'est lui qui enrichit Vaugirard, en retour des services que lui rendent ses industrieux et infatigables habitans. A côté de ces classes actives et exposées aux fatigues les plus dures, vous comptez un grand nombre de modestes bourgeois attirés par la pureté de l'air, la facilité à se procurer de petits jardins, le taux modéré des loyers, la moindre cherté de certaines denrées, telles que le vin, le bois et la viande. Quelques-uns vivent tranquillement de leurs médiocres revenus; beaucoup d'autres sont commis dans les divers ministères du gouvernement, dont les bureaux sont situés près de Vaugirard.

Les impôts directs s'élèvent, année commune, au chiffre de 50,000 fr. Quant à la consommation, il serait difficile de l'estimer, faute de renseignemens certains, car les droits d'entrée ne frappent uniquement que les liquides; mais c'est précisément l'affranchissement des autres denrées qui rendent à Vaugirard le vivre plus économique que dans la cité, et y attire la population. On y compte habituellement, chaque année, une entrée de six cents hectolitres d'alcool, et de quarante-trois mille hectolitres de vin, ce qui peut produire en impôts indirects ou d'octroi, en faveur de la commune, la somme de 45,400 fr., dont il faut déduire les frais de gestion, et ensuite le dixième revenant au trésor.

Les pauvres y sont secourus par un bureau de charité, dont les ressources varient de 4 à 5000 fr., et suffisent, dans les temps ordinaires, aux besoins de la classe indigente; d'ailleurs, la proximité de l'hospice Necker et de l'hospice des Enfans-Malades est d'un grand secours pour les malheureux.

Une école gratuite d'enseignement mutuel pour les garçons y a été fondée depuis 1830. D'année en année, elle a fait des progrès remarquables, encouragée par le conseil municipal, qui n'a négligé aucune dépense afin de la faire prospérer, et par le zèle des principaux habitans, qui n'ont cessé de se montrer bienveillans envers le digne instituteur, M. Flamarion, qui la dirige.

Les filles pauvres furent long-temps dispersées; elles allaient demander l'instruction gratuite aux vénérables sœurs Saint-André, dont la maison, située rue de Sèvres, à Paris, offre un asile naturel aux familles indigentes. Que de grâces n'a-t-on pas à rendre à ces bonnes institutrices, qui, depuis 1825, chaque année, reçurent généreusement dans leurs classes plus de quatre-vingts enfans de Vaugirard! Le bureau de bienfaisance plaçait bien, il est vrai, une douzaine d'enfans de ce sexe chez d'estimables maîtresses, moyennant une légère rétribution; mais combien ce bienfait était-il restreint pour une si grande population? Pendant trois ans les sœurs de Nevers essayèrent de former un pensionnat dans la maison de M. Groult; elles y ouvrirent aussi une école gratuite, aidées dans cette œuvre par le bureau de bienfaisance, par quelques allocations communales et par les dons de personnes charitables; mais en 1838 elles se retirèrent, et la classe gratuite faillit tomber à leur départ. Cependant, soutenue provisoirement par quelques dames du Sacré Cœur, ensuite transitoirement confiée à deux sœurs de la Providence, cette école fut définitivement placée en 1840 sous la direction des sœurs Saint-André. Personne n'ignorait la bonne réputation dont a toujours joui cet institut, et les services que sa maison centrale de Paris rendait gratuitement et depuis long-temps à la commune; c'était naturellement sur lui que devait se porter par estime et par reconnaissance le choix des administrateurs éclairés. On sollicita donc, par l'entremise de M. le curé, auprès de la supérieure des Filles-de-la-Croix, trois sœurs, qui seraient vouées à l'instruction, et visiteraient au besoin de pauvres malades. Par ce moyen, on fixait le sort de cette école, si chancelante depuis cinq ans, et l'on n'était pas inférieur à Issy, à Sceaux, à Meudon, où des sœurs de cette congrégation exerçaient depuis long-temps avec honneur. Un traitement honorable pour leur entretien, qui vient encore d'être augmenté, fut accordé en partie par le conseil communal, en partie par le bureau de bienfaisance ; un local convenable pour les classes et pour la demeure des humbles Filles-de-la-Croix fut disposé provisoirement au rez-de-chaussée de l'hôtel de la mairie. Il ne restait plus qu'à compléter le mobilier qu'elles doivent trouver dans les lieux qui les appellent, ainsi que le matériel des classes. Quelques habitans charitables, unis à M. le curé, se firent un honneur de concourir à cette bonne œuvre, et Vaugirard posséda une fondation qui doit produire avec les années les résultats les plus satisfaisans.

Le cimetière de Vaugirard est remarquable par sa grandeur, par le soin avec lequel il est entretenu, par le nombre et la beauté des monumens qu'il renferme ; les concessions temporaires de dix ans y coûtent 42 fr., celles qui sont perpétuelles 270 fr. Nous avons dit que le premier cimetière fut placé dans l'origine au lieu qu'occupa autrefois la communauté de Laon; devenu trop petit, il eut pour supplément un terrain situé derrière le parc de l'École, puis un autre situé rue Saint-Lambert. Un siècle avant la révolution, on enterrait devant l'église, au lieu qui est aujourd'hui une place publique; enfin, on choisit plus tard pour cimetière un clos situé dans le haut de la rue de Sèvres, où il existe maintenant; c'est celui que nous venons de citer comme un modèle du respect que l'on doit à la cendre des morts. Il n'occupa d'abord qu'une portion de terre fort étroite. En 1798, M. Parrain abandonna à la commune un terrain qui servit à l'élargir, sous la condition que les familles Parrain et Desrues y auraient un carré réservé à perpétuité. Sur ce terrain donné, on fit une allée; c'est celle qui se trouve à droite en entrant, et l'on acheta de l'autre côté une pièce à peu près égale, où l'on perça une allée de gauche parallèle à la première. Enfin, en 1827, eut lieu l'agrandissement qui repoussa les limites du cimetière jusqu'au chemin des Vaches, pour ainsi dire; il fut béni solennellement par M. Jacolet, curé du lieu. La gravité religieuse qu'on y trouve, non moins que les souvenirs dont nous avons fait mention dans le cours de cette histoire, l'ont fait choisir par plusieurs familles étrangères à la commune, pour dernière demeure des défunts qu'elles ont à regretter. On s'en convaincra en lisant les principaux noms que nous avons relevés.

Parmi les ecclésiastiques.

Gennet-Bonnet, Docteur de Sorbonne......	1805
Pierre-Paul ⎫ Molin, Prêtres et frères jumeaux. Jean-Joseph ⎭	1806
Eléonore Montanier de Bellemont, Evêque de Saint-Flour........................	1808
Claude-André, Evêque de Quimper.........	1818
J.-Claude Leblanc de Beaulieu, Archevêque d'Arles...............................	1825
Plusieurs élèves du séminaire Saint-Sulpice.	
D.-F. Hamon, Supérieur des Lazaristes.....	1816
M.-C.-E. Verbert, *id*...................	1819
P.-J. de Wailly, *id*..................	1828
Ch. Cathelin-Boujard, *id*................	1831
Dominique Salhorgne, *id*................	1836

Parmi les séculiers.

Esprit L. Rousset, ancien Secrétaire de l'Académie des Inscriptions.
La famille Toping, descendante des Stuarts.
Jacques-Denis de Kermadié, Capitaine d'artillerie.
La famille Payen, ex-substitut du Procureur du roi, fondateur de la fabrication de sel ammoniac et de la soude en France.
Le comte de Beaufort, Capitaine de cavalerie.
J.-B. Le Febure de Saint-Maur, Notaire.
La famille Salomon, dont deux religieuses ursulines,

et une autre, Ursule Hameau, femme d'un célèbre banquier.

Marie de la Fruglaye de Beccaria, femme de Boissard, et ses filles.

Thomas de la Haye, Commissaire des guerres.

Catherine-Adèle du Crès, vicomtesse de Sainte-Hermine.

Enfin les familles et les descendans de nos anciens seigneurs, que nous avons nommés dans le chapitre qui les concerne.

On se plaint de la malpropreté des rues et des boues qui les encombrent dans certaines saisons de l'année; peut-il en être autrement, quand on considère la proximité de la capitale, la faiblesse des ressources que peut employer une commune dont la population principale se compose de classes ouvrières, l'énorme quantité de voitures qui ne cessent de parcourir les rues, surtout de charettes et de tombereaux chargés de pierres qui, sortant des carrières et des chemins défoncés, en rapportent une quantité d'immondices qu'ils promènent et déversent le long de leur route? Cette malpropreté est le lot de tous les villages commerçans qui avoisinent la capitale, et elle est moindre peut-être à Vaugirard que dans beaucoup d'autres parties de la banlieue. En effet, on y remédie tous les jours; et sans parler des pavages nouveaux et des routes récentes dont nous ferons mention avant de terminer, voici des mesures, déjà couronnées d'un certain succès, que l'on a tentées.

Autrefois les eaux du ciel et les eaux ménagères avaient peu d'écoulement, et se rendaient dans des mares voisines de plusieurs habitations de Grenelle; mais l'odeur infecte et les exhalaisons méphitiques de ces mares, ainsi que la présence insalubre des eaux stagnantes dans les rues, faute d'écoulement, fixèrent l'attention de l'autorité. On combla la mare principale, on dessécha quelques marais environnans, on exécuta les réparations nécessaires dans les rues dont la pente n'était pas assez déclive, on construisit un aqueduc qui aujourd'hui mène toutes les eaux de la commune et des environs jusqu'à la Seine, en les recevant au lieu dit *le Pont des Allouettes*, et en les faisant ensuite traverser Grenelle. Ces opérations, qui datent de 1830, laissent encore à désirer; mais elles ont toutefois de précieux résultats.

A ces moyens d'assainissement on en a joint un autre très-utile, je veux dire le lavage des rues. L'eau étant rare à Vaugirard, faute de fontaines, l'autorité locale s'est empressée de traiter avec la société Vergniaux et compagnie, établie à Passy, et qui s'est engagée à lui fournir avec abondance l'eau de la Seine. Sept bornes-fontaines, alimentées par les soins de cette compagnie, ont été établies dans la Grande-Rue; deux jaillissantes sont en projet. Engagés par cet exemple, un grand nombre de particuliers prirent alors des concessions qui leur permirent d'avoir chez eux, chaque jour et à volonté, l'eau nécessaire aux besoins du ménage ou aux travaux de l'industrie. Le réservoir général est établi sur le point culminant de la rue du Haut-Transit : elles viennent des bords de la Seine, élevées au moyen de trois pompes à feu, dont deux sont auprès d'Auteuil, et la troisième à Neuilly, près du pont; elles sont conduites dans des canaux qui traversent le pont de Grenelle, et ensuite les deux communes. Voici le tarif de ces concessions journalières :

Le 1er muid d'eau. . . . par an, 70 fr.
Le 2e. 70
Le 3e. 65
Le 4e. 60
Le 5e. 55
Le 6e jusqu'au 10e. 50
Chaque muid en sus. 45

Le muid d'eau contient huit pieds cubes, ou

vingt-huit seaux de mesure ordinaire, et il est toujours fourni en vingt-quatre heures, l'eau coulant constamment dans un réservoir construit chez chaque particulier.

Le lavage des rues avait été précédé, depuis long-temps, d'un éclairage aussi soigné que le permettent les revenus de la commune. Deux établissemens de gaz sont venus accroître cette mesure d'utilité générale : l'un, confectionnant par le charbon de terre, est situé rue Mademoiselle, et a gratuitement accordé six becs, dont quatre éclairent la rue de Sèvres, et deux la rue de l'établissement ; l'autre, confectionnant par la résine, est situé Chaussée-du-Maine, et ne tardera pas à se montrer aussi généreux.

L'importance de Vaugirard est devenue incontestable dans ces dernières années, par suite de trois opérations majeures et exécutées avec un rare succès : j'entends parler 1° de la percée d'une route de vicinalité de la plaine de Passy au Petit-Montrouge ; 2° de l'établissement du chemin de fer, partant de la barrière du Maine, et conduisant à Versailles par la rive gauche de la Seine ; 3° de l'achat d'une place publique, au centre de la commune.

Il y a une dixaine d'années, M. Groult ayant percé une rue sur le terrain de sa propriété, en fit don à la commune, à la condition qu'il lui imposerait son nom : il vendit ensuite par portion les deux arpens restés libres du côté opposé à son habitation. Si sa spéculation lui fut avantageuse, elle ne le fut pas moins à Vaugirard : elle donna lieu de songer à établir une route de grande communication qui, partant du Petit-Montrouge, traverserait la plaine, couperait Vaugirard et Grenelle, se dirigerait par Passy pour venir aboutir en ligne presque droite à l'Arc-de-Triomphe, où elle rejoindrait la route de Rouen et du Havre. C'est ce qui fut exécuté, et c'est ce qui donna origine aux rues du Haut et du Bas-Transit, qui communiquent à Grenelle. Qui ne comprend combien cette route favorisera le commerce et le facile transport de toutes les marchandises? Qui ne voit les immenses produits que recueillera Vaugirard de ce vaste plan aujourd'hui réalisé? Déjà de nombreuses habitations sont construites sur cette ligne; et il arrivera une époque où la plaine disparaîtra de ce côté, remplacée par une multitude de rues et de maisons nouvelles.

Le chemin de fer prend les voyageurs à la Chaussée-du-Maine, près de la barrière de ce nom, où s'élève un magnifique embarcadère : il traverse l'extrémité nord est de Vaugirard, pour atteindre les plaines de Montrouge et de Vanves, et transporte à Meudon en douze, à Versailles en vingt-cinq minutes. Les immenses travaux que son exécution a exigés ont fixé l'attention des spéculateurs sur ce quartier de Vaugirard; dès le principe, des rues ont été percées, les alentours se sont peuplés de maisons neuves, l'industrie de tout genre s'est jetée dans la nouvelle carrière qui lui était ouverte, et maintenant un quartier nombreux, sous le nom de *village de Plaisance,* occupe les derrières de la Chaussée-du-Maine.

En 1837, la commune a acheté un terrain de deux arpens, contigu à la mairie; c'est la propriété occupée autrefois par le collége de Lisieux, et la plus proche de la communauté de Laon, qui semblait plus que toute autre, avant la révolution, offrir des convenances pour les bâtimens communaux. A cette époque, on fit bien des démarches pour acquérir cette dernière, comme le relatent les procès-verbaux du temps; mais on ne put y parvenir, quoique les assemblées du peuple déjà se tinssent dans sa chapelle : plus heureux que ses prédécesseurs, le conseil actuel a réussi à se rendre propriétaire d'un terrain non moins vaste et non moins central.

J'ai dépeint Vaugirard tel qu'il est à la fin de cette année 1842; probablement il sera bien différent avant un quart de siècle. Sans compter les mutations, les progrès que le temps amène, qui peut prévoir les conséquences des fortifications qui vont l'entourer? Heureusement, la ligne des travaux respecte partout le territoire de la commune; nulle part elle n'en rétrécit les limites; même elle laisse en dedans, soit dans la plaine, soit vers la Seine, des petites portions du sol d'Issy, qui plus tard, et par la force des circonstances, s'uniront à Vaugirard. Déjà les murs de l'enceinte continue s'élèvent au ras de terre, depuis le chemin de fer jusqu'au bord de l'eau; déjà une grande route stratégique plantée d'arbres se déploie depuis le même point jusqu'au moulin. Les renseignemens déposés dans ce livre serviront au moins à nos neveux, comme point de départ, pour apprécier les changemens qui auront peut-être alors fait de Vaugirard un faubourg de la capitale.

Avant de clore ce chapitre et cet ouvrage, pour donner une connaissance plus exacte des améliorations exécutées depuis peu de temps et des améliorations en projet, j'ai cru ne pouvoir mieux faire que de transcrire une partie du discours prononcé en assemblée générale par notre digne maire, le 13 octobre 1840, jour de son installation. Il a bien voulu m'en laisser prendre communication, et cette allocution complétera l'historique que nous nous sommes proposé d'offrir au public.

« La commune, dit-il, a fait les premiers pas
« dans la voie des améliorations; elle s'est im-
« posé des sacrifices, elle en recueillera le fruit.
« Déjà une salle d'asile est ouverte aux enfans
« de la classe journalière, et devient pour cette
« classe d'un avantage inappréciable. On n'a-
« vait point d'école communale proprement dite
« pour les filles ; un local a été préparé pour cet
« effet, et près de deux cents élèves y reçoivent
« l'instruction qui convient à leur âge, à leur
« position. Ce local n'est que provisoire ; un bâ-
« timent plus spacieux, et mieux approprié à sa
« destination, doit être élevé parallèlement à la
« salle d'asile : mais auparavant il importait de
« s'occuper de l'école des garçons, qui menace
« ruine de toutes parts, et qui d'ailleurs ne se
« trouve plus en rapport avec les besoins de la
« population. Chaque jour on se trouve dans la
« dure nécessité de refuser des enfans, faute de
« place ; et il est douloureux de penser que ces
« enfans restent privés d'instruction. Dans cet

« état de choses, il a été arrêté qu'une aile de
« bâtiment serait construite sur l'emplacement
« même de l'école actuelle, et qu'elle se pro-
« longerait jusqu'à la rue de Vaugirard ; qu'une
« partie serait destinée pour l'école, qui devra
« contenir au moins trois cents élèves, et que
« l'autre partie serait pour la justice de paix.

« La dépense pour cette construction est éva-
« luée 32,000 fr. Malgré la pénurie des fonds,
« le conseil, vu l'urgence, n'a pas hésité à se
« prononcer en faveur de l'instruction, qu'il
« considère comme étant le premier besoin des
« peuples. En consultant ses ressources, il a pu
« voter 21,000 fr. ; et il les a votés dans cette
« confiance que l'autorité supérieure lui vien-
« drait en aide.

« Ainsi, bientôt on aura la satisfaction de
« voir réunies, groupées autour de l'administra-
« tion toutes les parties qui s'y rattachent, et qui
« ont besoin de sa surveillance et de sa protection.

« Le corps-de-garde était dans le plus triste
« état, délabré, mal situé, manquant d'air et de
« jour : il vient d'être refait ; et quoiqu'il laisse
« peut-être quelque chose à désirer, il paraît
« réunir les principales conditions voulues dans
« l'intérêt des hommes et dans l'intérêt du service.

« Depuis un an, six rues ont été pavées ; ce

« qui a beaucoup contribué à assainir le pays, à
« faciliter les communications, et ce qui a pro-
« fité aux propriétaires, qui d'ailleurs avaient
« participé à cette amélioration par une cotisa-
« tion volontaire qui s'est élevée à 13,000 fr.

« Antérieurement, des bornes-fontaines ont
« été établies, aussi en vue d'assainissement; mais
« les résultats n'ont pas justifié les espérances.
« Il est maintenant reconnu que le bon effet
« qu'on en doit attendre ne peut se faire sentir
« que lorsqu'il sera possible de faire marcher
« d'ensemble ce service avec le balayage et l'en-
« lèvement des boues. La coïncidence de ces
« différens services a toujours fait le désespoir
« des administrations qui se sont succédées, et
« toutefois les dépenses qu'ils exigent sont con-
« sidérables. On paie 1200 f. pour les six bornes-
« fontaines, et 3200 fr. pour l'enlèvement des
« boues : or, si à ces chiffres on ajoute l'éclai-
« rage, porté au budget pour 3600 fr., et tous
« les frais d'entretien, on trouvera pour ces seuls
« articles un total de plus de 8000 fr.

« Il est d'autres améliorations qui préoccu-
« pent le conseil : c'est le tracé et l'établisse-
« ment des chemins vicinaux, pour faciliter les
« relations de commune à commune; c'est le
« pavage et l'éclairage de quelques rues qui sont

« encore inabordables dans la mauvaise saison;
« c'est l'alignement, le redressement de plu-
« sieurs autres par voie d'expropriation; c'est
« l'établissement de trottoirs par voie d'encou-
« ragement; c'est l'essai d'un éclairage mieux
« entendu et d'un plus bel effet par le moyen
« du gaz; c'est encore le percement d'une rue,
« en prolongement de la rue des Vignes, pour
« arriver à faire disparaître un égoût aussi insa-
« lubre que dangereux, et qui se trouve préci-
« sément dans la partie la plus habitée, la plus
« fréquentée, la plus resserrée de la grande rue
« de Vaugirard.

« Dans une commune qui peut justement se
« considérer comme un des faubourgs de la
« capitale, et qui compte près de dix mille âmes,
« la piété demanderait une église plus au centre
« du pays, plus en rapport avec le nombre des
« fidèles; d'un autre côté, la salubrité deman-
« derait un abattoir, mais il a fallu songer au
« plus pressé.

« Le bel établissement du chemin de fer et
« les grands travaux d'embellissemens de nos
« boulevards extérieurs, depuis la barrière de
« Sèvres jusqu'à la Chaussée-du-Maine, ayant
« changé toute la physionomie de ce quartier,
« il était nécessaire de s'occuper des moyens

« d'en faciliter l'accès; aussi le produit des
« prestations de cette année sera-t-il employé
« au tracé, au pavage d'un chemin qui sera
« bordé d'arbres, et qui conduira directement
« de la rue de la Procession à la barrière des
« Fourneaux.

« Tout cela réalisé, il restera sans doute en-
« core quelque chose à faire, pour atteindre les
« communes qui nous ont devancés dans la voie
« des améliorations; mais toujours, avec le bien-
« veillant appui de l'autorité supérieure et la
« persévérance dans les premiers efforts des
« habitans, la commune prospérera comme les
« autres. Autant qu'elles, et plus peut-être, elle
« se trouve dans les conditions les plus favo-
« rables de progrès. Nous voyons ici, et sur
« tous les points, des abords d'une facilité ex-
« trême, de nombreux moyens de transports et
« de communication, un commerce, une in-
« dustrie qui ne le cèdent point à l'industrie,
« au commerce des communes qui sont sur la
« même ligne. Nous voyons des habitans doués
« d'activité, d'intelligence et de patriotisme :
« tout nous promet un degré supérieur de pros-
« périté et d'importance. »

Dans la même réunion, présidée par M. le
sous-préfet, M. le curé demanda la permission

d'exprimer aussi ses vœux ; et, après avoir rendu un hommage sincère au zèle du conseil-municipal, aux bienfaits de l'administration supérieure, aux éminentes qualités du maire nouvellement nommé, il ajouta ces paroles qui constatent l'état actuel de Vaugirard sous un rapport bien important :

« Par mes fonctions et par l'agrément de Sa
« Majesté, je suis le représentant et l'interprète
« naturel au milieu de vous, Messieurs, des
« besoins de la morale et de la religion dans
« cette commune. C'est en cette qualité qu'il
« m'est permis de vous les recommander....
« aux catholiques, et nous le sommes tous ici,
« il faut un temple tel par sa position, son
« étendue, sa noblesse, qu'il convienne à la po-
« pulation : or, ce bienfait nous l'attendons de-
« puis dix ans et plus. Il nous faut une autre
« église, c'est le cri général : c'est celui de l'ami
« des arts, qui rougit de notre misère, en regar-
« dant les monumens que possèdent les com-
« munes environnantes ; c'est celui de l'indus-
« triel, qui voudrait un édifice religieux autour
« duquel viendraient se groupper des établis-
« semens nombreux ; c'est celui des hommes
« prévoyans, qui se souviennent de la séparation
« de Grenelle ; c'est, enfin, celui d'une multi-

« tude qui, vingt et trente fois l'année, réclame,
« sans pouvoir l'obtenir, une place dans le tem-
« ple qui doit être la maison de tous.

« En vain, prêtres, nous avons généreuse-
« ment doublé nos fatigues par l'érection d'une
« chapelle qui ne doit son origine, son entre-
« tien qu'à notre zèle ; en vain nous multiplions
« nos rapports avec les peuples, mille besoins
« sont en souffrance. Le pauvre, l'enfance, la
« vieillesse, le commerçant économe de son
« temps, sont là pour vous l'affirmer. »

Puisse donc au plutôt une église être bâtie dans Vaugirard ! Cette construction est d'un intérêt qui l'emporte sur toutes les autres nécessités de bien-être ou de prospérité matérielle désirées dans la commune.

CHAPITRE XII.

Circonscription et nomenclature de toutes les voies de communication qui existent à Vaugirard.

Voici la circonscription de Vaugirard, telle que l'a fixée la séparation de Grenelle :

Au nord, du côté de Paris, les limites sont les barrières de l'École-Militaire, des Paillassons (toujours fermée), de Sèvres, de Vaugirard, des Fourneaux et du Maine.

En partant de ce dernier point, pour revenir au premier, voici la ligne de démarcation :

Chausée-du-Maine : la droite, jusqu'à la rue de Vanves ; la gauche appartient à Montrouge.

La rue de Vanves : la droite, jusqu'à l'intersection du chemin de fer ; la gauche à Montrouge.

La petite voie de Vanves : la droite, jusqu'au

chemin des Péricheux ; le chemin des Péricheux : la droite, jusqu'au chemin du Moulin ; le chemin du Moulin : la droite, jusqu'au moulin de Vaugirard, même y compris la pièce de terre qui le suit ; la gauche appartient à Vanves.

Du moulin à la grande route royale d'Issy, cotée sous le n° 189 : la droite seulement ; la gauche appartient à Issy.

Toutes les propriétés comprises par une ligne tracée depuis ce point de la route royale jusqu'à l'extrémité des rues suivantes :

Petite rue Blomet, n°⁵ derniers 10 et 5.
Notre-Dame,   n°⁵   34 et 25.
De Sèvres,   n°⁵   218 et 189.

Et du chemin d'Issy à Grenelle, dit *chemin des Vaches*, la droite seulement ; la gauche appartient à Issy.

Le chemin des Vaches : la droite, jusqu'aux chemin et rue de Javelle ; la gauche appartient, jusqu'au milieu environ du chemin des Vaches, à Issy, le reste à Grenelle.

La rue de Javelle : la droite, jusqu'à la rue Croix-de-Nivert ; la gauche, dans cette rue et dans toutes celles que nous allons nommer, appartient à Grenelle.

La rue Croix-de-Nivert : la droite, jusqu'à la rue Mademoiselle.

La rue Mademoiselle : la droite, jusqu'à la rue de la Vierge, et le reste de la rue, en descendant vers Paris, la droite et la gauche.

Enfin, toutes les propriétés comprises par une ligne tracée depuis la rue de la Vierge jusqu'à la barrière de l'Ecole-Militaire, les maisons de droite et de gauche de la rue de l'Ecole, ainsi que celles de la Sablonnière, appartenant à Vaugirard.

Nous allons donner en terminant les noms des rues, etc., avec leurs tenans et aboutissans. Nous ferons remarquer que plusieurs sont anciennes et ont perdu leurs noms dans l'usage journalier ; nous les marquerons par ce signe A. Plusieurs aussi n'ont pas été reconnues par l'administration, et peuvent être supprimées ; nous les marquerons par ce signe N.

RUES.	TENANS.	ABOUTISSANS.
Blomet.	Rue de Sèvres.	Rue Saint-Lambert.
Blomet (Neuve). A.	Une partie de la précédente.	
Chemin de fer (du),	Boulevard des Fourneaux.	Rue de Vanves.
Collège (du).	Rue Notre–Dame.	Grande-Rue.
Constantine.	Rue Médéa.	Rue de la Procession.
Copreaux.	Rue Blomet.	Grande-Rue.
Croix de Nivert.	Rue Mademoiselle.	Rue de Sèvres.
Ecole (de l').	Barrière de l'Ecole.	Grande-Rue.
Grande-Rue (ou *de Vaugirard*).	Barrière de Vaugirard.	Grande route d'Issy.
Grenelle (de).	Rue Mademoiselle.	Grande-Rue.
Grotte (de la). A.	Grande-Rue.	Chemin de la Grotte.
Groult d'Arcy.	Rue de Sèvres.	Grande-Rue.
Javelle (de).	Chemin de Javelle.	Rue Croix-de-Nivert.
Loyers.	Rue de l'Ouest.	Rue de Vanves.
Mademoiselle.	Place de l'Ecole.	Rue Croix-de-Nivert.
Mazagran.	Rue Constantine.	Rue de l'Ouest.
Médéa.	Chemin de la Gaieté.	Rue Constantine.
Moulin-de-Beurre (du).	Chemin de la Gaieté.	Rue de Vanves.
Notre–Dame.	Grande-Rue.	Chemin d'Issy.
Orléans (d').	Rue des Tournelles.	Chemin du Moulin.
Ouest (de l').	Chaussée-du-Maine.	Rue de la Procession.

RUES.	TENANS.	ABOUTISSANS.
Ouest prolongée. (de l'). N.	Rue de la Procession.	Route de Vicinalité.
Parc (du).	Place de l'Ecole.	Grande-Rue.
Perceval.	Chemin de la Gaieté.	Rue de l'Ouest.
Procession (de la).	Grande-Rue.	Rue de Vanves.
Procession (de la *Petite-*).	Rue de la Procession.	Chemin des Tournelles.
Sablonnière (de la).	Rue de l'Ecole.	Rue Mademoiselle.
Sablonnière (*Descente de la*).	Rue Mademoiselle.	Rue de Sèvres.
Saint-Fiacre.	Boulevard des Paillassons.	Rue de l'Ecole.
Saint-Lambert.	Rue de Sèvres.	Rue Notre-Dame.
Sanson. A.	Même que la rue de la Vierge.	
Schomer.	Rue Constantine.	Rue de Vanves.
Sèvres (de).	Barrière de Sèvres.	Chemin de Sèvres.
Tournelles (des).	Grande-Rue.	Rue d'Orléans.
Transit (*Haute-du-*), ou (*du Haut-*).	Grande-Rue.	Route de Vicinalité.
Transit (*Basse-du-*), ou (*du Bas-*).	Rue Croix-de-Nivert.	Rue de Sèvres.
Vanves (de).	Chaussée-du-Maine.	Grande-Voie de Vanves.
Vierge (de la).	Rue Mademoiselle.	Rue de Sèvres.
Vignes (des).	Grande-Rue.	Route de Vicinalité.

RUELLES.	TENANS.	ABOUTISSANS.
Bayer. N.		
Cadot. A.		
Chauvelot.		
Favorites (des).		
Feuquières.		
Fidèles (des).		
Fondary.		
Loyers.		
Soleil d'or (du). A.		
Volontaire.		
CHEMINS.		
Blomet.	Chemin des Vaches.	Rue de Sèvres.
Bœufs (des). A.	Même que des Fidèles.	
	Rue Perceval.	Rue Schomer.
	Grande-Rue.	Rue de la Petite-Procession
	Rue Saint-Lambert.	Rue Notre-Dame.
	Rue Blomet.	Grande-Rue.
	Rue Haute-du-Transit.	Rue des Tournelles.
	Rue de l'Ouest.	Rue Loyers.
	Même que des Fidèles.	
	Grande-Rue.	Chemin des Fourneaux.
Carrières (des). A.	Rue Notre-Dame.	Chemin du Hameau.
Fourneaux (des).	Le même que la route de Vicinalité.	
Gaieté (de la).	Rue des Vignes.	Chemin des Bœufs.
Grotte (de la). A.	Barrière des Fourneaux.	Rue de la Procession.
Hameau du Brave homme (du).	Chaussée-du-Maine.	Rue de la Procession.
	Rue de la Grotte.	Chemin du Moulin de Vaugirard.
	Chemin Blomet.	Route d'Issy.

CHEMINS.	TENANS.	ABOUTISSANS.
Javelle (de).	Bords de l'eau.	Rue de Javelle.
Moulin (du). A.	Rue des Tournelles.	Chemin du Moulin de Vaugirard.
Moulin de Vaugirard (du).	Rue des Vignes.	Moulin de Vaugirard.
Morillons (des). A.	Chemin de la Procession.	Petite voie de Vanves.
Péricheux (des). A.	Idem.	
Procession (de la). A.	Rue de la Procession.	Petite voie de Vanves.
Tournelles (des).	Rue des Tournelles.	Chemin des Fourneaux.
Vaches (des).	Chemin de Javelle.	Chemin d'Issy.
Vanves (Petite voie de).	La Croix de la Garenne.	A Vanves.
Vert. A.	Rue de la Procession.	Chemin de Vanves.

PASSAGES.		
Acacias (des).	Rue des Vignes.	Rue Haute du Transit.
Bourbon.	Grande-Rue.	Rue des Tournelles.
Saint-Charles.	Rue Blomet.	Grande-Rue.
Vaillant.	Rue de Sèvres.	Rue Blomet.

BOULEVARDS.		
Ecole (de l').	Barrière des Paillassons.	Barrière de l'Ecole.

BOULEVARDS.	TENANS.	ABOUTISSANS.
Fourneaux (des).	Barrière du Maine.	Barrière des Fourneaux.
Neuf.	Barrière de Vaugirard.	Barrière de Sèvres.
Sèvres (de).	Barrière de Sèvres.	Barrière des Paillassons.
Vaugirard (de). N.	Barrière des Fourneaux.	Barrière de Vaugirard.
ROUTES.		
Sèvres (royale de).	Barrière de Sèvres.	Rue de l'Ecole.
Stratégiques. N.	Tout le long de l'enceinte.	Jusqu'à la Seine.
Vicinalité (de grande).	Grande-Rue.	Route d'Orléans.
Issy (royale d').	Rues du Parc, de Vaugirard.	A Issy.
CHAUSSÉE.		
Maine (du).	Barrière du Maine.	Route d'Orléans.
IMPASSES.		
Acacias (des).	Rue des Vignes.	
Chemin de Fer (du).	Boulevard des Fourneaux.	
Ecole (de l').	Place de l'Ecole.	

PLACES.	TENANS.
Ecole (de l').	A la jonction des rues Blomet, de l'Ecole et du Parc.
Eglise (de l').	A la jonction des rues de Vaugirard, Notre-Dame et Saint-Lambert.
Mairie (de la).	Entre les rues de Vaugirard et Blomet.
Pont des Allouettes (du).	A la jonction des rues de Grenelle, Croix-de-Nivert et Mademoiselle.

CHEMIN DE FER.

Embarcadère à la Chaussée-du-Maine.
Débarcadère à Versailles, avec stations à Vanves, Clamart, Meudon, Bellevue, Sèvres, Châville, Viroflay.
Le chemin croise les voies de Vaugirard sur cinq points :

    Au chemin de la Gaieté,
    A la rue du Chemin-de-Fer,
    A la rue de la Procession, autrefois chemin Vert,
    A la route de Vicinalité,
    A la petite voie de Vanves.

FIN.

Table.

Chap.		Pages.
Ier.	Introduction.	1
II.	Histoire naturelle de Vaugirard.	6
III.	Commencement de Vaugirard	21
IV.	Eglise de Vaugirard	36
V.	Curés de Vaugirard	58
VI.	Seigneurs et Notables de Vaugirard.	71
VII.	Fondations de bienfaisance.	84
VIII.	Faits de l'histoire de France qui intéressent Vaugirard	88
IX.	Etablissemens anciens et nouveaux faits à Vaugirard.	103
	§ 1. Communauté de Laon	104
	§ 2. Séminaire des Trente-Trois	105
	§ 3. Institut des Filles-de-la-Croix.	110
	§ 4. Séminaire Saint-Sulpice.	114
	§ 5. Etablissemens issus du séminaire Saint-Sulpice.	138
	§ 6. Théatins.	143

Chap.		Pages.
§ 7.	Frères des Écoles chrétiennes....	143
§ 8.	Communauté des Prêtres de la paroisse Saint-Sulpice........	146
§ 9.	Hospices de santé, Necker et des Enfans-Malades............	148
§ 10	Association paternelle des Chevaliers de Saint-Louis........	151
§ 11.	Œuvres de Saint-Nicolas.......	156
§ 12.	Collége de M. l'abbé Poiloup....	160
§ 13.	Séminaire des missions de l'Océanie orientale...............	168
X.	Topographie ancienne de Vaugirard.....	181
XI.	Accroissemens successifs et séparation de Grenelle....................	204
XII.	Etat actuel de Vaugirard.............	214
XIII.	Circonscription et nomenclature de toutes les voies de communication qui existent dans Vaugirard........	237

FIN DE LA TABLE.

Paris.—Imprimerie de G.-A. DENTU, rue de Bussy, n° 17.

www.ingramcontent.com/pod-product-compliance
Lightning Source LLC
Chambersburg PA
CBHW050342170426
43200CB00009BA/1702